U0621810

书山有路勤为径,优质资源伴你行
注册世纪波学院会员,享精品图书增值服务

五度高效

课程开发

◆ ◆ ◆ ◆ ◆

成为卓有成效的培训师

周锦弘 · 著

电子工业出版社
Publishing House of Electronics Industry
北京 · BEIJING

图书在版编目（CIP）数据

五度高效课程开发：成为卓有成效的培训师 / 周锦弘著. —北京：电子工业出版社，2022.8

ISBN 978-7-121-43969-8

Ⅰ. ①五… Ⅱ. ①周… Ⅲ. ①职业培训 Ⅳ. ① C975

中国版本图书馆 CIP 数据核字（2022）第 124260 号

责任编辑：杨洪军
印　　刷：三河市鑫金马印装有限公司
装　　订：三河市鑫金马印装有限公司
出版发行：电子工业出版社
　　　　　北京市海淀区万寿路 173 信箱　　邮编 100036
开　　本：720×1000　1/16　　印张：15.75　　字数：227 千字
版　　次：2022 年 8 月第 1 版
印　　次：2022 年 8 月第 1 次印刷
定　　价：65.00 元

凡所购买电子工业出版社图书有缺损问题，请向购买书店调换。若书店售缺，请与本社发行部联系，联系及邮购电话：（010）88254888，88258888。

质量投诉请发邮件至 zlts@phei.com.cn，盗版侵权举报请发邮件至 dbqq@phei.com.cn。

本书咨询联系方式：（010）88254199，sjb@phei.com.cn。

课程开发促人改变

2017年，周锦弘来到我的课堂时，在内训师培养领域已然小有名气。在我印象中周锦弘不仅热爱学习，而且勇于实践，能在教学实践中把学来的知识转化为硬核的能力，继而集结成册，这是极为难能可贵的。

他的新作《五度高效课程开发》一书中汇集了近几年他对课程开发的进阶理解和最佳实践，并逐渐发展出自己个人版本的认知。这本书是TTT讲师写给企业培训师的经验之作。教是最好的学，职业培训师最幸福的事莫过于在为企业授课和开发课程中消化知识、收集素材，逐渐打磨出自己的主张和体系。

好的课程开发从来都不是知识和经验的堆砌，而是以问题为导向的。从老师的角度来看，课程貌似就是一些内容的堆砌，但是从学员的角度看，学员学完你的课是因为他对他自己的改变是有期待的。所以我强调：不以学员改变为目的的所有的培训都是耍流氓。课程开发需要以学员为中心，以问题为导向，紧贴业务实践，实战实效，精益求精。

课程开发就是将专家隐性经验显性化，提炼加工，通过目标、内容、过程、形式、结构五个要素形成课程。举个例子：课程目标叫作表现性目标，所以就逼迫老师必须以学习者为中心，你不能把技能当成知识教。我觉得课程开发有一个误区是技能知识化、态度知识化。老师教完课程后，学员是否改变老师不负责。好的课程一定有设计、转化这些环节，帮助学员形成自己版本的理解，并持续地运用方法和技巧，形成套路。

　　如何让学员转化老师所讲的新知和新技能呢？这就关系到课程形式。如果课程内容是信息流的话，形式则是能量流。形式它是服务于内容的，跟你教授的内容有一个紧密的连接，也就是说能够让信息流和能量流形成联动、共振，同时也要让学员深度思考、野蛮关联到工作和生活的方方面面。好的形式一定尽可能让所有的学员都参与进来。只有参与了，学员才会有思考，才会有收获。我也说过，你的点滴收获都是你自己折腾的结果。

　　同时，课程开发是没有捷径的，做课程开发必须懂得这些表现性目标：内容怎么教、教学活动设计、形式和内容之间的关系、结构怎么梳理。对于我对课程开发的主张，周锦弘都有很好的建构和发展。周锦弘用他的方式和语言帮助读者更好地消化课程开发可能遇到的难点和重点。

　　最近两年，新冠病毒肺炎疫情的反复极大地影响了企业线下培训的正常开展，五度课程开发将线下面授课程和线上微课、线上直播进行融合，正好解决了集中培训方式单一化的问题，为企业课程开发提供了有力保障。

　　作为内训师培养师，周锦弘在本书中对开发企业线上课程和线下课程的全过程进行了系统梳理，既有课程开发的底层逻辑，又有可以上手的工具方法，其中还有一些独到的见解。这可以理解为周锦弘博采众长，并迈出了在企业课程开发领域中发展自己的理论体系的重要一步，这一步也许并不完美，却是极好的开头。只要在正确的方向上，用正确的方式持续积累，成为卓有成效的培训师只是个时间问题。我相信，这本书一定能为热爱培训的你带来不小的启发。课程开发之路永无止境，幸运的是，能与诸位并肩前行，彼此分享成长的喜悦，永不止步！

田俊国

著名实战派培训专家、领导力专家

北京易明管理咨询有限公司创始人

2022年4月19日

　　大约十年前，在企业培训师的培养中，课程开发并未受到足够重视，被重视的更多的是授课技巧、课程演绎等方面。而现在，很多企业的人力资源部门和培训部门对课程开发愈发重视，究其原因，是希望将一些标准化、制度化、流程化的内容进行整理、沉淀。为此，这些企业专门成立培训师建设项目、课程开发项目，想通过这些项目实现人才快速复制、课程快速迭代。这样的想法是好的，设计也是对的，但是企业想通过自身力量去培养培训师、去做课程开发，总会遇到不少困难和挑战。

　　2015年，笔者给一家传统能源企业做培训师培养的微咨询项目，通过访谈得知：之前他们的培训师在做课程开发时，对自己擅长的部分，把搜集的资料直接填入PPT课件，然后拿着课件对新入职员工和专业技术人员照本宣科，最终效果不佳。2017年，一家外企找到笔者，想建立课程体系和课程开发体系，之前他们想节省成本，让一位培训经理半年内开发了15门课程，结果他们老板嫌数量少、效率低，效果也不好。2018年，一家大型商业银行想做微课大赛，苦于缺少简单易学的方法和技巧。2020年，因为新冠病毒肺炎疫情，很多培训无法线下开展，一家企业希望将一部分课程转到线上，但不知道怎么开发……这些例子就不一一列举了。

　　中国企业为了应对激烈的市场竞争，急需专业型、复合型人才。因为培养人才的外部课程缺乏针对性和有效性，所以很多有竞争力的企业花巨资开发课程，以培养核心人才、高潜人才。针对这一现状，笔者根据过往辅导企业开发课程的经验，结合相关理论编写了本书，提供了一套从线上课程开发到线下课程开发的整体解决方案。本书第一章介绍五度课程开发对企业的价值和意义，第二章到第六章分别介绍每一度课程开发的要领和工具，第七章介绍课程开发后的培训师自我内化，第八章介绍课程迭代步骤。书中提供了不同场景下的课程开发步骤、技巧、工具和表单，在课程开发实战中效果显著。

　　本书适合企业培训师、商业培训师等从事培训的专业人士使用，也适合在高等院校进修教育学等专业的学员阅读。

　　目前，市面上没有一本系统介绍从线上到线下一体化课程开发的书籍，笔者希望本书能暂时弥补这一空白，为企业和读者提供参考借鉴。当然，由于写书略有仓促，书中难免存在不足之处，欢迎读者批评指正。

目　录

第一章

五度课程开发
对企业的价值和意义

第一节　课程开发是解决人才培养难题的抓手

一、企业人才发展需求

近十年，随着经济结构的调整和改善，产业不断升级，国内很多企业处在高速发展期或转型期，市场竞争日益加大，企业用工需求量也随之增加，部分企业出现用工短缺的现象，尤其对高精尖企业而言，中高级管理人才、技术专家等高级复合型人才存在较大缺口。这导致很多企业对人才的需求日益增长，要求也逐渐提高——分工精细化、人才一专多能，这种需求的多样性赋予了本书存在的价值。

很多企业为了让自身的生产和服务能力产生更大的市场效益与价值，往往会根据现有的技术水平、生产设备、服务能力等，大力研发新产品和新服务。同时在企业管理中，存在研发难、营销难、品牌难、服务难等难题，这些难题如果得到了解决，企业在新项目发展上就能获得一定程度的成功，如果没有得到解决，企业在创新与变革方面会遇到很大的风险和挑战。

2020年，突如其来的新冠病毒肺炎疫情给中国大多数企业带来了很多不确定性，让市场竞争加剧，有的企业"勤修苦练"——通过创新转型获得了成功；有的企业则"因循守旧"——市场份额下滑，产品也被淘汰，最后只能变卖企业或者关门大吉。

所以，不管外部环境如何变化，企业只有"居安思危"，不断拓宽新的打法，不断创新，一步步脱离"疫情泥潭"并走向辉煌，而在这一过程中，企业课程体系和课程开发体系是迈向成功的基石。只有将企业核心经验留存，并不断优化总结，让企业人才更加优秀，企业生命力才会更为持久。

二、企业为什么要开发课程

　　健全的标准化课程开发是企业人才发展的重要保证。没有强大的课程开发体系，企业就无法为各岗位培养足够的实用人才和厚实的筹备人才。虽然不少企业的招聘能力非常强，能够自己招聘或者猎到顶尖技术专家和管理人才，但是空降部队也有水土不服的情况，如对企业内部不熟悉，对人事架构比较陌生，对企业文化无法融入。另外，顶尖人才虽然到岗，但因为下属技术落后，观点和理念陈旧，无法发挥顶尖人才、高级管理人才的作用，人才在短期内离职，让企业蒙受了很大的损失。因此，企业需要通过内部人才培养来保证供给，保证企业发展，保证企业核心竞争力。

三、解决实际问题的唯一办法

　　近年来，越来越多的企业重视培训师的培养，尤其企业在2020年遭受疫情后，大幅减少外采课程，如通用管理类课程，究其原因，外聘培训师很难了解到企业存在的实际情况和问题。相反，TTT（Training the Trainer to Train）培训师培训、组织经验萃取等课程却受到企业追捧。因为这些课程提供方法论、知识模型、操作方法和工具，帮助内部专/兼职讲师根据企业实际情况进行内化，开发出针对性的课程，而这些课程，不仅能够解决内部实际问题，对各类各级岗位人员进行赋能，而且对建立学习型组织起到了关键作用。

四、用丰富的课程形式保证培训效果

　　每个行业都有自己的淡旺季，在淡季组织培训还好，如果在旺季组织培训，业务部门参训人员难以兼顾业务和培训，就会提出请假。培训部门因此无法安排学员统一参加培训，导致无法有效组织授课；或者原本一场课程可以解决的问题，却因为学员时间无法统一，而不得不将一场变成两场、三场，甚至更多。当然，这是以前纯线下培训的麻烦。随着高速网络的到来，微课、直播课等各种形式的线上课程陆续出现，培训师可以事先录制微课让参训学员学习知识内容，然后再安排线下工作坊。如果参训学员分布于全国各地，集中起来有很大难度，培训部门可以采用线上直播对学员进行集中培训。

　　丰富的课程形式既降低了组织成本，又在时间安排上更有灵活性。老师可以根据学员的时间随时为学员授课，不至于因为工作安排或者地点安排而让学习滞后。

第二节　企业建立标准化课程体系是良剂

一、课程体系建设的重要性

　　企业培训课程体系建设是否完善，直接影响企业培训系统与培训战略能否落地。一般而言，一个完善的企业培训课程体系，决定了企业未来三至五年的培训方向，既为未来的企业人才战略建立了基本章程，也为企业培训降低了成本、减少了摸索时间，并促使员工形成自动自发的学习模式。

　　完善的企业培训课程体系容纳了未来三至五年企业各级岗位员工必学的课程科目。有了这个体系之后，企业未来的培训会按照既定计划进行，不会再有随机性、临时性、突发性的零散培训课程产生。

二、课程体系建设的意义

　　企业有了完善的培训课程体系，就有了对每个岗位未来的学习发展规划要求，就可以将企业的年度、季度和月度培训考核落实到每一位参训人员身上。

　　企业做年度培训计划时往往只做一些重要课程（如领导力课程）的经费计划，而且很少有企业将年度培训计划细化到每个岗位所需要的知识和技能。于是，在这些企业的培训计划中就出现了随机性大、课程与课程之间没有衔接的现象，浪费了巨大的培训成本，甚至出现了为培训而培训的现象。

　　完善的培训课程体系建设就是要将一年甚至三至五年所有的课程形成一个整体培训规划方案，包括今年执行哪些课程，明年上哪些课程，让每个课程都是前一个课程的延续，让每次课程都是上一次课程的深入，让每一门课程都是上一门课程遗留问题的解决，让企业各个岗位都有专业的培训课程来指导工作。

三、课程开发是基石

　　如何建立完善的培训课程体系建设呢？可以通过对各个岗位学习地图的梳理，整理出每个岗位的课程体系。一个岗位从新手到专家可能要学习50~60门专业课程，有些纯技术岗位可能更多。由于企业和行业的特殊性，这些课程无法外采和借鉴，只能由内部人员通过课程开发技术开发出一门门课程以形成课程库，逐步为建立课程体系打下坚实的基础。

第三节　从学习地图和ADDIE做起

　　企业的培训部经理有时候会非常困惑，每年他们都进行培训需求的征询、培训计划的制订，也做了培训的组织实施和课后的学员评价，培训制度足足有几十页，而且花了很大代价外聘了专家，可为什么员工对企业培训总是抱有意见，觉得培训是走形式，根本没有什么效果。于是，培训部采取的应对策略往往是，要么提高培训频次，要么扩大培训范围，要么增加培训经费，但培训部仍倍感压力，员工对培训还是怨声载道，培训工作仿佛千斤重拳打在棉花上使不了劲。其实，要想取得好的培训效果，企业除了要进行需求调研、培训计划、培训组织和培训评估，更要看重员工的学习体验，要规划学习内容、优化学习方式，并着力于营造学习氛围和建立学习机制，而学习地图恰好为企业设计卓越的员工学习发展体系提供了有效指引。

　　几年前，笔者曾经给一家建筑企业做人才培养微咨询。这家企业员工数量过万，领导非常重视培训，每年培训近百天，一般通过调研了解培训需求，通过外采课程帮助员工解决工作上的问题。但培训部门依然有很大的困惑：他们感觉培训就是"头疼医头，脚疼医脚"，每年跟在业务部门后面转，更像救火队员。比如，近期签单率下滑，商务部门要求做一场关于提升商务经理销售能力的培训，于是培训部门调研需求、组织学员、开展培训、评估总结。一个流程下来，培训部门投入了大量人力、物力、财力，可业务部门反馈一般。培训部门感觉忙了半天，自身价值却无法体现。

　　这家企业没有用对方法。培训调研固然有用，但这种方法存在一定的滞后性。如果将学习地图引入企业关键人才培养中，提前规划好关键岗位序列核心能力，就不会出现上述困惑了。

　　企业中不同岗位所要求的技能、能力不同，员工在准备晋升或轮岗时，需要提升特定能力。这就需要路径和工具，就如同开车一般，需要一个详细的指引，并经常进行加油充电，以维持不断前行的动力和能量，这就是学习地图的关键意义。

一、什么是学习地图

　　学习地图是一套用于加速企业专业人才培养周期的培养体系规划、设计技术和方法论，是根据员工能力发展路径和职业规划设计的一系列学习行为。

　　学习地图好比一张地图，帮员工认清自己在哪里、要去哪里。学习地图尤其适合刚入职的新员工，通过学习地图他们可以快速找到晋升到某个技术岗位或管理岗位的学习发展路径。一般而言，学习地图包含不同方向的学习路径，如技术方向学习路径和管理方向学习路径等。同时，学习地图包含诸多学习方式，如在线学习、行动学习等。

　　学习地图有晋阶和转岗两大核心课程，针对性地提供给不同层级、不同岗位的员工。

　　晋阶课程：职业生涯纵向升迁的课程。当员工职业素养提升到一定程度时，需要走向更高层级的职业通道。晋阶课程能快速帮助员工适应未来新的岗位，提前进入角色。

　　转岗课程：职业生涯横向转换的课程。员工在企业中会面临转岗需求，在不同部门、不同岗位之间调动时，学习地图将为其提供转换岗位所需的必要的知识、能力和技能，以便让其在较短的时间内快速适应新岗位的工作要求。

学习地图有效地整合了企业岗位能力模型、职业发展通道和学习资源，为员工在企业中的不同职业发展路径提供了有力支撑。

二、为什么需要学习地图

当企业达到一定规模（1000人以上）时，企业对人才的需求和员工对成长的需求会趋于多元化，人力资源部门无法依靠传统培训满足这种多元化的需求。如果此时建立一座员工能力发展平台，为员工规划好职业发展通道，企业就能在日益增加的市场竞争中占得先机。而这座平台的底层逻辑就是学习地图。

笔者在2019年给一家万人规模的省燃气企业做学习地图工作坊，在确定需求时，企业一位业务部门的领导说基层员工对自己的发展感到迷茫，不知道自己未来怎么发展。虽然企业内部有评级评职称体系，但操作起来有难度，希望有一种方式能够为员工升职加薪建立起规范。确实，当企业发展到一定规模，管理的员工越来越多时，如何管理好人才，如何让员工发挥能力、体现价值，是值得每一位管理者深思的问题。

一）为员工职业发展升迁提供能力标准参考

以往培训部门会根据胜任力模型设置课程体系，好处是让某个岗位的员工明确自己的学习与发展内容。但这种方式是一种静态的框架，缺少员工的职业发展模型和该模型上各级岗位所要求的业务能力。员工一旦发生岗位转换或升迁，就无法在该框架内找到相应的学习与发展节点。

学习地图提供了一套可行性方案，可以动态地根据员工的职业发展阶段进行调整。从新员工到正式员工，从普通员工到核心员工，在不同的阶段员工需要学习不同的内容。详细地讲，新员工培训主要解决新员工与企业之间的了解问题，培训部门主要提供企业文化、职业发展、组织架构、人力与财务制度等培训；员工渡过了实习期后，培训围绕企业对岗位的要求对员工进行能力的调适，力求以最快的速度让其达到岗位胜任要求，培训部门要聚焦员工的应知、应会、应用问题，根据目标提供专业（基础）课程和通用课程；员工渡过胜任期后，就要往更高一级岗位前进，培训部门就要设置Y形发展通道，为进入技术方向的员工提供专业能力发展学习资源，为进入管理方向的员工提供领导力发展学习资源。

二）满足企业发展和员工个人发展的需求

学习地图在满足企业发展需求的同时也满足了员工个人发展需求。培训部门做第二年培训规划时，要根据年度培训资源，确定适合的学习方式，提供相应的学习活动。例如，对于转岗员工来说，学习地图中转岗的设计应以标准化课程为主，以在线直播或者录播的形式提供给员工，帮助员工迅速适应新岗位的工作要求。

对员工来说，学习地图的价值在于自我定位——到了哪个阶段，在这个阶段学习什么内容，目标是什么，下一个阶段该具备什么样的能力。学习地图符合成人学习原理，能发挥员工的主观能动性——寻找学习目标和学习内容之间的相关性，以职业发展为终，以能力提升为始，建构"个人学习发展路径"，拟定最佳课程的学习路径，养成"自主学习"习惯。员工从被动学习变为主动学习，从公司培训部门为自己负责变为员工本人要为自己负责，这也为企业变成学习型组织奠定了坚实的基础。

三）适合不同能力特点的多种学习方式组合

学习地图提供了丰富的学习方式，如在岗实践、线上学习、自学阅读等。学习内容多样化且有针对性，并和能力、需求相匹配。能否根据不同层级、不同岗位涉及的不同技能知识点，为学员配备丰富的内容，是决定学习地图效果的关键因素。以员工为中心的学习模式，让员工可以选择符合自己需求和学习偏好的学习内容和学习进度。例如，去教室上课，或在网上自学，或参加一个行动学习等等，多种学习形式相结合。培训部门在设计学习活动时，可以从员工的学习特性入手，让员工进行有针对性的学习体验，以提升员工的兴趣。

如何为员工选择合理有效的学习方式？需要对不同的学习内容进行分析，并匹配不同的学习方式，进而得出某类学习内容最适宜的学习方式。

三、构建企业学习地图的步骤

一）定义具体岗位

企业通过战略解码划分支撑各业务模块的子模块，分析现有职位，根据职业性质分类，即职类、职种。

根据每个职种员工任职资格的不同，岗位可以划分为不同的层级和种类。这样做的目的是在企业内部开辟多个职业生涯晋升通道，明确员工的职业发展目标，为建立分类分层级的人力资源管理奠定坚实基础。

学习地图引导师通过岗位梳理，合并工作职责相近的岗位为岗位族，降低待开发的课程体系的冗余度以及学习地图规划的复杂度。然后，学习地图引导师结合员工的职业发展路径，明确各岗位族的职业发展通道，如销售管理、技术管理、安全管理等。

如何确定岗位呢？或者在资源有限的情况下，如何优先选择岗位呢？确定岗位四大原则包括：

- 成熟度高：业务成熟，分工明确，任务规范程度高，文献资料丰富，易快速分析。

- 基础性强：业务以技能性、操作性为主，较为基础，不复杂、易设计。
- 覆盖面广：覆盖员工群体数量大，或在企业中员工的占比高。
- 岗位关键：直接与企业业绩关联或在企业中起关键作用。

二）用 DACUM 工作流程分析法进行分析

一旦确定了某个岗位，就可以用DACUM做工作分析。DACUM是一种有效的工作流程分析法，通过职务分析或任务分析，确定某一岗位所要求的各种综合能力及相应专项技能。DACUM的原理在于：任何职业的工作内容都能有效而充分地用本岗位优秀专家在工作中所完成的各项任务来描述；任何任务与完成此任务的人员所需的理论知识、工作态度和技能技巧都有着直接联系。

DACUM可以采用头脑风暴的方式，通过小组成员内部研讨，为特定工作或职业领域确定技能范围。通常可以借助某个岗位专家的经验，界定此岗位的主要职责及相关任务。专家还要确定，该岗位的行为规范，胜任该岗位工作的技能和知识、工具和设备，该岗位未来的发展方向等。所有上述内容应是具体的、可衡量的和可操作的。

DACUM的具体流程如下：

首先，罗列本岗位的主要职责，这些职责又可拆分为多个任务，便于个人能够参照职责范围将其实现。这些任务以非常简洁的方式被定义，并且在图中以小图框的形式被单独列出。每一项都可作为学习目标。

然后，挑选7~12名该岗位的专家（员工或管理者），组成某岗位专家小组，经过1~2天的时间开发出某岗位的工作任务分析。这里需要注意两点：一是挑选的专家要乐于分享并善于表达，如果没有意愿或者表达能力不足，工作坊会有无法产出的风险；二是要挑选1~2名新员工加入专家小组中，原因在于绘制新手期学习地图时，专家往往从自身角度描述任务，而这些任务对新员工而言会偏难，这时如果新员工加入，任务描述将更加客观、公正。

在确定专家小组后，学习地图引导师引导该小组完成以下几点：

（1）回顾总结某个相关岗位的描述。

（2）确定本岗位的职业规划通道。

（3）确定本岗位的具体职责。

（4）拆分每项职责需要完成的工作任务。

确定职责中的具体任务和流程是开发岗位分析图表的核心所在（见表1-1），所以这是DACUM中最为关键的部分。可以先确定了职责并完成了排序，再按照先后顺序对每项职责进行分析。如果这样做有难度，也可以从任务入手倒推出职责。DACUM的这个阶段往往需要占用大量的时间，已有的岗位分析甚至会推倒再重新开始，每个人都需要将自己的耐心和毅力投入到这个过程中。

表 1-1　典型任务流程表

序号	典型任务	关键流程
1		
2		
3		
4		
5		
6		

（5）重新审查/调整职责和工作任务描述。

最后，要对初步列出的职责、工作任务描述按照列表进行审查，确定是否对所有的内容进行了充分的描述。通过学习地图检验工具，可能会添加2~8个新任务或1~2项新职责。这时，对添加的新任务或者新职责应用不同颜色的笔标注，以便呈现审查后的结果。

三）列出KSA清单

学习地图引导师列出完成工作任务所需要的一般知识、技能和态度（KSA，见表1-2）。

表 1-2　×××岗位 KSA 清单

知识（K）	技能（S）	态度（A）

四）定义学习阶段

明确KSA后，学习地图引导师进一步分析每一项知识、技能的具体内容及要求，然后将学习阶段进行切割，最终分为新手期、熟手期、高手期（见表1-3）。

表 1-3　×××岗位学习阶段划分

学习阶段	具体定义描述	学习年限
新手期		1~2 年
熟手期		2~5 年
高手期		6 年以上

五）设计课程体系（见表 1-4、表 1-5、表 1-6）

表 1-4　新手期×××岗位分层分类课程体系

学习阶段	课程主题	主要学习内容
新手期		

表 1-5　熟手期×××岗位分层分类课程体系

学习阶段	课程主题	主要学习内容
熟手期		

表 1-6　高手期 ×××岗位分层分类课程体系

学习阶段	课程主题	主要学习内容
高手期		

通过以上流程，我们基本梳理出某个岗位的学习地图。通过该学习地图，我们可以建立起整个岗位的课程体系，为后期课程开发提供有力支撑。

五度课程开发的另一个依据是ADDIE，读者可以直接翻阅第四章第一节内容，在这里不赘述了。

第四节　五度课程开发标准的特点与描述

五度课程开发标准又称课程开发说明书（见图1-1）。为何要为课程开发设计说明书呢？早在2012年，笔者给企业做课程开发工作坊时，发现每家企业开发出来的课程不统一，如A企业与B企业的课程的版式、结构等完全不同，因此笔者在2015年着手建立五度课程开发标准，一来让企业客户有标准可依，二来统一课程开发标准，使开发出来的课程便于被评估。经过打磨迭代，最终形成了五度课程开发标准。

	一度微课	二度直播	三度线下	四度线下	五度线下
时长	10分钟以内	1小时左右	2小时左右	3~4小时	6~8小时
幻灯片	8~12张	30张左右	30张左右	30~50张	51~100张
大纲	1个	3个	3个	3~5个	5~7个
闪光点	1个闪光点	1~2个闪光点	3~4个闪光点	6~8个闪光点	10~12个闪光点
教学设计	1个案例	3个以上故事或案例 15分钟虚拟互动	1~2个案例 30分钟互动	3个以上案例 30分钟互动	安排1小时训练、10分钟游戏、30分钟研讨会
输出	图文、视频、音频、H5、PPT课件	PPT课件	简版课程包（课程简介、课程大纲、案例、PPT课件）	标准课程包（课程简介、PPT课件、授课计划书、讲师手册和学员手册）	晋阶课程包（课程简介、PPT课件、授课计划书、讲师手册、学员手册、测试题等）

图 1-1　五度课程开发标准（课程开发说明书）

五度课程开发标准要求培训师分别从时长、幻灯片、大纲、闪光点、教学设计、输出这6个层面进行开发。

一度微课，时长在10分钟以内，有8~12张幻灯片，1个大纲，1个闪光点，1个教学设计案例，输出有图文、视频、音频、H5、PPT课件。

二度直播课程，时长为1小时左右，有30张左右的幻灯片，3个大纲，1~2个闪光点，3个以上的教学设计故事或案例，输出为PPT课件。

三度及以上课程开发适用于面授课程。

三度开发的时长在2小时左右，能满足企业内部分享需求。三度开发有30张左右的幻灯片。如果按时长2小时、幻灯片25~30张来计算，那么每张幻灯片的讲解时间是多少呢？平均4~5分钟。这就意味着，你在讲解某一个PPT的时候，除了口头讲授，还需要使用多种教学方式。三度开发有3个大纲，以及3~4个闪光点。有学员问闪光点是什么，笔者给闪光点的定义是：

- 结合自身的经验开发的经典模型，如KSA模型、冰山模型。
- 有自己核心的论点和观点，能给学员带来相应的启发。

- 独特的教学设计，如五星教学、建构主义、行动学习、促动技术等。这里要审视的是，教学设计要围绕着你的课程目标、主题展开的，才能算一个闪光点。

教学设计是课程开发的重点。只有课程内容没有案例是不行的。在三度课程开发中，一般要有1~2个相应的案例，还要有30分钟左右的互动（互动就是教学活动设计）。

最后输出简版的课程包，包含课程简介、课程大纲、案例和PPT课件。

四度课程开发的时长是3~4小时，俗称半天课程。半天课程有30~50张幻灯片、3~5个大纲、6~8个闪光点、3个以上的案例和30分钟的教学互动。输出的内容叫作标准课程包，相对于简版课程包，增加了授课计划书、讲师手册和学员手册等内容。

五度课程开发的时间更长、要求更高。这个级别的课程很少用于企业内训，用于商业培训居多。时长是6~8小时，包含5~7个大纲、10~12个闪光点、1小时训练、5个以上案例、30分钟研讨会。输出的内容叫作晋阶课程包（含课程简介、PPT课件、授课计划书、讲师手册、学员手册、测试题等）。

四度、五度课程开发比三度课程开发的难度大一些，主要体现在教学设计和输出上。例如，三度课程开发要求1~2个案例、30分钟互动，四度课程开发则要求3个以上案例、30分钟互动。详细开发方法会在后面章节介绍。

1. 判断题

要建立完善的培训课程体系，就要通过对各级专业岗位素质模型的梳理，整理出每个岗位的课程体系。（　　）

2. 选择题

学习地图有两大核心课程：晋阶课程和（　　）。

A. 新员工课程

B. 领导力课程

C. 转岗课程

D. 行动学习课程

3. 配对题

三度线下课程开发标准：

时长	3 个
幻灯片	30 张
大纲	1~2 个案例、30 分钟互动
闪光点	简版课程包
教学设计	3~4 个
输出	2 小时左右

4. 填空题

在资源有限的情况下，确定岗位的四大原则分别是：成熟度高、基础性强、（　　）和（　　）。

5. 简答题

学习地图的定义是什么？

（答案在下一章的回顾练习后。）

第二章

一度线上微课开发

第一节 **初识微课**

一、企业重视微课的原因

从2014年开始,微课越来越受到企业重视,每年都有很多企业投入大量的人力、物力和财力,举办各种形式的工作坊或者微课大赛。尤其在最近三年,微课非常火,企业微课大赛、行业微课大赛、全国性微课大赛层出不穷。笔者也经常为微课大赛担任评委,给很多企业做过微课工作坊。企业之所以重视微课,无非有以下四种原因。

1. 帮助企业传承组织经验

这对企业而言是一种利好,尽管各家企业的行业不同、性质不同,但都会遇到人才流失、经验失传的尴尬局面。

2017年,笔者去了南方一家省级能源企业做人才培养微咨询。当时人资副主任说,企业人才青黄不接,核心人才老龄化严重:约70%的中高层专业技术人才在未来3年里面临退休,年龄在40~50岁的技术人才少之又少;每年新招进的大学生很多,要成为技术岗位人才需要时间培养,人才培养矛盾突出。企业不知道如何解决,因此请外部专家提供智慧支持。

笔者通过调研提出了一系列培养项目建议,建议之一就是用微课萃取专家的经验,制作图文、微视频、PPT等形式的技术岗位学习资源,供新员工学习转化。

2. 帮助业务部门提升绩效

业务部门特别重视绩效，无论是对销售人员还是技术人员，都有绩效要求。因此培训必须迅速见效，如果对任务、流程、步骤、方法进行拆解，通过微课形式让本岗位员工进行学习，可以缩短员工摸索期，快速提升绩效，是不是更有价值呢？

3. 帮助员工获得工作价值感

微课制作者是本岗位业务能手或者专家。培训师通过对他们进行微课制作赋能，把他们的经验视觉化，再对其反复评估和打磨，将其作为企业优秀微课，在企业各种云平台上进行分享，这时员工的成就感和自豪感就出来了。

4. 帮助企业丰富培训形式

传统培训要求学员坐在教室里进行听讲，而微课不受时间和空间的限制，学员可以随时随地通过手机、电脑、iPad等工具完成学习，经过考核就可以拿到相应证书。培训部门也不用花大量的精力组织线下培训，企业何乐而不为呢？

二、关于微课的四个问题

以上讲了微课的很多好处，接下来请思考四个问题。建议你拿出一张纸将思考的答案写下来，在学习后面的内容时，效果会更好。

- 微课是什么？（请用一到两句话进行定义。）
- 微课有哪些常见形式？
- 好微课有哪些标准？
- 微课开发有哪些步骤？

1. 微课是什么？

微课是以阐述一个简单、明确的知识点、技能项，或者解决某个具体问题、完成某个特定任务为目的的，格式短小精悍的视频。

微课的目的是阐述知识点、技能项，或者解决具体问题。注意，这里有一些关键点。

第一个关键点是一门微课只有一个主题。在2017年，笔者给某家银行的微课大赛担任评委，初赛中80%的参赛作品犯了同一个错误：将多个知识点进行堆砌，导致没有中心主题。例如，在讲工具时，很多作品既有使用技巧、历史来源，又有注意事项，结果微课内容驳杂，给评委们造成了很大的困扰。

第二个关键点是微课需要分类。它或者讲知识点，或者讲技能项，或者解决某个具体问题、完成某个特定任务。

第三个关键点是短小精悍。微课的时长一般在10分钟以内。微课的定义最早来自美国的可汗，他认为微课就是在10分钟以内的视频。可汗说，当初视频只有10分钟，是因为YouTube对上传视频有限制，但是后来，这个时长被证明是学员保持注意力集中的最佳时长。

第四个关键点是微视频。顾名思义，微课主要以视频的形式呈现。

2. 微课有哪些常见形式？

微课有四种形式：

第一种是图文微课，图文微课使用JPG等格式的图片，观看者可以在5分钟左右的时间里完成阅读。

第二种是音频微课，像得到、喜马拉雅等平台都有很多MP3格式的音频，建议时长在10分钟以内。

第三种是视频微课，推荐格式为MP4，最佳时长是5~10分钟。

第四种是H5微课，因为是交互式的学习方式，所以互动性较好。推荐一个工具：炫课制作工具。

3. 好微课有哪些标准？

微课有六个标准：科学、聚焦、相关、提炼、完整、有趣。

（1）科学指课程不管用什么形式来呈现，其内容必须是正确的、符合逻辑的，不能违反科学和常识，这是基础和前提。

（2）聚焦指课程要围绕一个特定的问题，如说明一项任务、操作，或者阐述一个原理、观点，总之必须是具体的。建议在制作微课时，结合某个具体的工作情景或者案例，只有这样才不会跑偏。

（3）相关指课程一定要和明确的目标人群相关。如果你分享拍照技巧，目标人群就是摄影爱好者或者摄影从业者。

（4）提炼指课程不能有长篇大论，最好是高度浓缩、深度提炼的干货。10分钟的微课时间有限，不可讲废话，在写脚本时请检查、删除多余文字。

（5）完整指课程采用总分总的结构，开篇有主题呈现，中间有分论点论述，结尾再次回顾要点。只有结构完整，才能保证学员有一个有意义的学习过程。

（6）有趣，好的微课是好玩、有趣的，能吸引学员的关注。例如，微课的标题吸引人、微课的动画好玩等。

4. 微课开发有哪些步骤？

微课开发有九个步骤：

（1）定主题。

（2）定目标。

（3）萃内容。

（4）套结构。

（5）写脚本。

（6）制画布。

（7）制课件。

（8）配录音。

（9）转合成。

接下来，我们将展开讲这九个步骤。

第二节　微课开发九步骤

一、定主题

在微课开发之初，必须把主题定下来。主题就像黑暗中指引方向的灯塔，提示你微课往哪个方向进行开发，设定什么样的教学目标。如何制定主题呢？这里介绍三个工具或技巧帮助你更快捷地制定主题。

1. 5W学员分析

思考一个问题，你做的微课到底是给谁讲的？以摄影爱好者为例，你是给摄影刚刚入门的小白讲的，还是给资深摄影者讲的？学员不同，内容也不同：对小白可以讲一些摄影基本技巧；对资深摄影者则要讲一些不同场景下拍摄的注意事项。学员不同，你设计的微课也是不一样的。所以在开发微课之前，首先要做5W学员分析。

5W可扩展为5W1H，即分析Who、What、Why、When、Where和How。

（1）Who：你的微课是给谁看的？就像前面所说的，是小白，还是资深摄影者？

（2）What：学员需要了解什么？他们想学什么内容？

（3）Why：学员为什么会看？在开发微课的过程中，微课培训师一定要思考学员为什么会学习微课，要告诉学员本次微课给学员提供什么样的利益、价值或者好处，学员能够学习到哪些技巧的运用，以及注意哪些事项。

（4）When：学员何时看？是工作前，还是工作后？

（5）Where：学员在哪看？是在工作岗位、教室，还是在其他地点？

（6）How：学员倾向于用什么方式看？用电脑、手机，还是用iPad？他们有什么学习特性？

解释一下How里提的学习特性。例如，理工科同学的思维偏向于理性、逻辑、分析，这时候你要反思课程是否能够提供给他们一些干货；而文史类同学更感性，这时候你的案例、整体设计，需要有自己独到的见解。

2. 3×2选题法

做完分析之后，接下来做选题。用什么方式做选题呢？推荐用3×2选题法，"3"指主题要有痛点、重点和热点。

（1）痛点：痛点一般是指在某个领域或者某个课程中，学员经常遇到的一些难点，这些难点会阻碍他们正常的学习。你要在学员最需要的时候，为其深感棘手的难点提供解决方案，让微课成为帮助学员解决问题、提升能力的核心手段。

（2）重点：你应提供某个岗位或者学科应知应会的内容，为学员持续提升能力和进一步发展提供基础保障。

（3）热点：热点是当下学员最为感兴趣的学习内容，可以激发学员对于微课的热情。例如，现在很多学员都在玩抖音，你就可以开发一门课程，叫"如何玩转抖音"，自然会引起大家的兴趣和关注。

除了痛点、重点和热点，你还要确定微课的类型。不同类型的微课，其结构和内容会有所不同。目前，微课可分为知识信息类、技能技巧类，这就是3×2选题法中的"2"。

（1）知识信息类：讲解某个知识点，如某个概念、原理或原则。作用是帮助新手了解、学习某个领域，快速地打好基础。

（2）技能技巧类：讲解某个操作任务的具体步骤或者关键技巧。作用是帮助学员培养运用技巧处理相关工作任务的能力。

3. 微课标题撰写小技巧

做完3×2之后，方向基本确定了。接下来你就要确定微课标题了。标题该怎么写？笔者在评审过程中发现，有些学员写微课标题时想了半天，也不知道标题怎么写。这里，给你一些定标题的核心技巧，让你快速掌握怎么定标题。

你还记得好微课的标准之——有趣吗？标题也要有趣。在2016年前后，微信朋友圈流行标题党。标题党如何去定标题、去撰写呢？我们来拆解它背后的技巧和逻辑。首先，微课分为两大类：知识类微课和技能类微课。

知识类微课标题三式：

- 网红式："某个知识点，你get到了吗？"例如，"五度课程开发标准，你get到了吗？"
- 武断式："你不得不知道的一个具体的知识点""不要告诉我你懂某个知识点"。例如，"不要告诉我你懂导航技术"。
- 数字式："×分钟带你走近某个知识点"。例如，"6分钟带你走近小区绿植"。

技能类微课定标题方法可参考第四章第二节内容。

定完标题就意味着主题基本确定，接下来该制定目标了。

二、定目标

一）布鲁姆教学目标六层次

首先思考一个问题：读完本节后，你期望有怎样的收获呢？你可以花30秒的时间来思考一下，如果旁边有纸和笔，将期望的收获写下来，如能够去开发微课，能够撰写微课教学目标。你写的收获就是你的学习目标。

教学目标的制定，是以泰勒的目标模式为基础的。泰勒提出，陈述目标最有用的形式，是按行为类别和内容两个维度陈述的。行为类别是指通过教学发展的学员行为类型，而内容是指被学员的行为加以运作的教材内容。通俗地讲，这句话就是指一个目标的陈述包含一个动词和一个名词，动词一般描述想要实现的认知过程，名词一般描述预期学员要学习或建构的知识。

什么是教学目标呢？教学目标倾向于制定更具体的目标，教学目标的作用是使教学和测验集中在具体领域的小范围学习。

例如，学员能区分常用的四种标点，学员学会两个一位数的加法，学员能够列举中国历史发展的三个原因，学员能够将具体目标、教学目标、教育目标进行分类。这些都是指教学目标。教学目标还可以进行分类，这个分类用布鲁姆教学目标六层次，即记忆、理解、应用、分析、评价、创造。

布鲁姆认为，教学目标的六个层次分为低阶部分和高阶部分，简单地说，完成教学目标是从易到难的一个解题过程，即要掌握高阶部分，你必须先掌握低阶部分。你可以看到记忆、理解，再往上就是应用，以此类推，直到创造。记忆和理解被称为低阶认知，而应用、分析、评价和创造被称为高阶认知。

第一层次是记忆，是学习过程中最为简单、基础的一步，即对知识的回忆、对回忆的认知，学员在这一层次获取信息，并使之成为思想的一部分，可以在之后的思考和行动中回忆起这些信息，并能对其加以运用。例如，学员在熟练运用某个单词前，要先知道它的词义。

第二层次是理解，就是理解所获得的知识。例如，我或许能记起一个单词的词义，但并不意味着我已经理解这个词的词义或者词根，理解这个词应该如何用于各种句子、各种语境中。所以理解的核心是学员展现出他们对已知知识的理解能力，从而具有应用的基础。

第三层次是应用，指的是学员如何将他对某个事物的认知和理解，用于一个新的或者熟悉的环境中，目的是利用已打下的基础来应对遇到的问题。在课堂中，这一层次通常表现在基本理解了某个知识点后，学员能够去回答相关问题或解决问题。

第四层次是分析，是更进一步的学习，是指将事物进行拆分，以显示其中的关系、动机、原因、联系和运用方式。为了能够分析某个事物，学员需要有能力应用自己知道和理解的内容。如果学员还不能应用，将很难展开分析。

例如，一组学员分析手机的工作原理，要做到这一点，他们就要细致地检查手机，观察部件是如何连接在一起的，观察不同的部件是如何相互影响、相互作用的。如果学员缺少对手机、手机部件的知识和理解，或者只知皮毛，而达不到熟练掌握和应用这些知识的程度，这项任务将很难完成。

学员或许能粗浅地描述一下手机内部是如何工作的，或者相互影响的。但是如果对基本原理没有一定程度的掌握，他们很难对手机做出任何有实质意义的准确分析。

第五层次是评价，是对某个或某类事物进行评估和判断。为此，需要知道它是什么，对它有自己的理解，并且能够将这种理解应用于不同的情况，能够分析其本质。只有预先具备足够的知识和深入的理解，你才能够做出周密的判断。

第六层次是创造，是对事物评价之后的进一步的认知活动。创造是指发明新的事物，或者对已存在的事物进行进一步的开发。要做到这一步，需要完成之前多层次的认知过程。学员要准确地分析某个事物的结构，对其进行合理评价，才能创造新的事物，或者以其为蓝本，创造出一个更完善的版本。

可以说，创造非常难。就像前面说到的手机的例子。学员在成功分析了手机的结构之后，要去设计一项改进，以提升手机的工作效能。你可以看到，布鲁姆教学目标六层次分得非常细，理解这六个层次，就为撰写微课目标打下了一个很好的基础。

二）SMART教学目标撰写法

接下来介绍目标是如何撰写的。常用方法是SMART目标法和ABCD法。SMART目标法对教学目标提出了五个要求。

S：具体的。目标需要明确阐述期望的要求。

M：可衡量的。目标必须包含一项或多项用于衡量绩效的标准。

A：可达成的。目标的实现对于学员来说可以有一定的难度，但必须可以实现。

R：相关的。目标必须和组织本次课程的原因相关。

T：有时限的。目标必须包括具体时间框架。

例如，在本次学习活动结束时，学员将能够100%使用微课开发技巧开发一门符合微课标准的微视频，这就符合SMART的教学目标。

三）马杰ABCD法

ABCD分别是什么？简单地说就是：什么样的人—要做什么样的事—可以凭借什么条件—最后达到什么样的程度。

A是目标学员（audience）。目标学员是某个人还是某个岗位的人。

B是行为（behavior）。学员的行为必须用可观察到的术语来表述，当目标陈述中使用了具体的、可观察到的动词来说明学员的行为，教学的不确定性可以极大减少。

C是条件（condition）。即学习和评价的条件，是影响学员产生学习结果的特定限制和范围。例如借助工具书，或者借助某个平台。

D是程度（degree）。即学员学习效果的最低水准，是评价目标是否达成的依据。

看两个案例：

案例1：学员能熟练使用电子支付工具进行B2B、B2C、C2C平台上的模拟商务活动。A是"学员"；从"使用电子支付工具"到"B2B、B2C、C2C平台"，这些都是C；"模拟"是动词，"商务活动"是宾语，动词加宾语叫动宾结构，所以"模拟商务活动"这个动宾结构是B；程度"熟练"是D。

案例2：学员在老师的指导下，现场开发一门微课视频，视频制作符合微课标准。

各位读者请思考一下，怎么用ABCD法把它进行切分呢？

A是"学员"；B是"现场开发一门视频微课"；C是"在老师的指导下"；D是最后一句话，"视频制作符合微课标准"。你答对了吗？

学完ABCD法之后，请你结合自己开发的课程主题撰写教学目标。

三、萃内容

撰写教学目标后，接下来要根据教学目标，萃取相应的微课内容。

一）萃取经验的理论模型

萃取的理论依据是库伯的经验学习圈，以及吉尔博特的行为工程模型。可以说，内容萃取往往取决于这两个经典的模型。

1. 库伯的经验学习圈

库伯的经验学习圈（见图2-1）认为，知识学习过程应当由具体体验、反思观察、概括抽象、行动应用这四个学习阶段构成。

图 2-1　库伯的经验学习圈

　　库伯认为，学习的起点首先来自人们的经验。这种经验可以是直接经验，即人们通过做某件事情获得的某种感知。通俗地讲，学习某项技能，如游泳，就是你的亲身经历。

　　另一种叫间接经验，即通过听别人分享经验，转化成自己的经验。例如，小时候父母不让自己孩子触碰裸露的电线。人们不用亲身去试，就知道摸电线会被电击，这就是间接经验。

　　经验学习圈的下一个逻辑阶段，便是对已有的经验进行反思，即对经验过程中的知识碎片进行回忆、清理、整合、分享，把有限的经验进行归纳、条理化。

　　有一定的理论知识背景、理论概括能力的人，可以对反思结果进行进一步的系统化和理论化。这就是学习的第三个阶段——概括抽象。

　　库伯认为知识的获取源于对经验的升华和理论化，要进行理论化阶段的学习，需要做的工作很多：利用过去的分析框架（类似于某种应用场景、应用程序），对观察、反思的结果进行抽象，从而得到人们所希望的理论化结果。

　　经验学习是个循环圈，最后的阶段是行动应用。行动应用包括行动和巩固，行动是对知识的应用，巩固则是检验学员是否真的学以致用、是否达到了学习效果。如果在行动应用阶段，学员发现有新的问题出现，那么学习循环又有了新的起点，新一轮的经验学习圈开始了，人们的知识在这种不断的学习循环中得以增长。

通过库伯的经验学习圈可以发现，情境是提取经验的线索，通过具体经验获得反思，进而形成概括性的方法并加以应用，就是经验萃取。

库伯的经验学习圈，对于本节内容有很大帮助和借鉴价值。

2. 吉尔博特的行为工程模型

接下来介绍吉尔博特的行为工程模型（见表2-1）。

表 2-1 吉尔博特的行为工程模型

	信息	资源	刺激
75%	35%	26%	14%
环境	*明确而清晰的行为标准 *明确而清晰的绩效目标 *明确而及时的绩效反馈 *获取信息所需的畅通渠道	*适当的流程、系统 *易于查阅的手册、工具 *充分的人力资源（专家） *充足的时间	*物质刺激 *非金钱刺激 *职业发展机遇 *绩效过差产生的明确后果
	知识技能	个性潜质	动机
25%	11%	8%	6%
个体	*系统化设计的培训 *培训的机会	*人与职位的匹配 *给员工好的选择过程 *灵活的计划符合员工的最大能力	*员工的工作意愿 *对员工动机的评价

这个模型讲的是绩效的影响因素。首先，对于绩效的影响主要分为环境和个体两方面，其中环境（信息、资源和刺激）的影响较大，占到了75%。因此，对于组织而言，应该尽早建立基于岗位标准的明确流程，如学习地图、SOP（Standard Operating Procedure，标准作业程序）等。

其次，让学员的学习行为符合一定的标准规范。管理者往往习惯直接对员工施加影响，而忽视或轻视环境的影响。无论是学员还是管理者、培训师做内容萃取，都要关注环境的因素。

最后，要正视培训的作用。培训不仅着眼于个体，而且可以改变大的环境，如企业的制度、文化等。

从表2-1中可以清晰地认识到，个体的行为改变不仅受个体因素的影响，而且受环境因素的极大影响，因此，做内容萃取时，要更多地从环境中萃取相应的内容、方法和流程。

二）内容萃取的工具

刚才阐述的相关理论是内容萃取的底层架构，接下来介绍内容萃取的工具。内容萃取的工具根据要萃取的内容种类分为两种：技能类微课萃取、知识类微课萃取。

1. 技能类微课萃取

对于技能类微课萃取，可以看表2-2。

表 2-2　技能类微课分析表

【　】岗位—【　】任务
操作步骤
关键词
痛点、重点、热点
辅助参考资料、工具

岗位是学员承担的工作角色，如摄影师、摄影爱好者。你需要思考学员的岗位对应的工作任务。例如，摄影师要拍摄某个场景，而拍摄任务有一系列具体的步骤，此时就要对任务进行拆解，如第一步、第二步……如果你制作的是微课，只有10分钟的课程时长，建议至少有三步，不要超过五步。

对操作步骤的每一步都可以用一句话进行描述。那么这句话的关键词呢？对每一句话都可以提炼关键词。

技能类微课分析还要呈现完成这一任务的痛点、重点和热点，只选择其中一个点即可。如果任务涉及具体的技术要领，也需要罗列辅助参考资料。

表2-3是对销售人员进行零售门店拜访任务的分析。

表 2-3 销售人员零售门店拜访分析表

【销售人员】岗位—【零售门店拜访】任务		
操作步骤	一、开场白，与门店销售人员建立关系 二、探寻需求，发现潜在机会点 三、推荐产品，向门店介绍产品的主要卖点	四、处理异议，解决门店销售中可能产生的问题 五、缔结交易，向门店推荐订单，促成销售
关键词	建立关系 探寻需求 推荐产品	处理异议 促成销售
痛点、重点、热点	痛点：销售人员拜访零售门店经常被拒绝，销售人员不知道如何推荐产品	
辅助参考资料、工具	《×××公司销售人员营销技巧》	

关键词是对每一步的提炼。本例有5个关键词，分别是建立关系、探寻需求、推荐产品、处理异议、促成销售。每个关键词都是动词加名词组成的动宾关系，如在"建立关系"中，"建立"是动词，"关系"是名词。

对于痛点、重点和热点，只写一个点即可。本例的痛点即"销售人员拜访零售门店经常被拒绝，销售人员不知道如何推荐产品"。辅助参考资料是《×××公司销售人员营销技巧》。

2. 知识类微课萃取

知识类微课萃取的项目包括对象、主题、知识内容、相关概念等要素（见表2-4）。填写思路与技能类微课萃取相似。

表 2-4 知识类微课分析表

【 】对象—【 】主题		
知识内容		
相关概念		
痛点、重点、热点		
辅助参考资料、工具		

你需要先确定微课主题，然后根据这个主题做知识内容的拆解。

　　这里举一个知识类微课萃取的例子。针对银行涉外核算人员，进行跨境双向人民币资金池政策解读，如表2-5所示。

表 2-5　银行涉外核算人员培训分析表

【银行涉外核算人员】对象—【跨境双向人民币资金池政策解读】主题			
知识内容	一、设立条件 1. 境内成员企业 2. 境外成员企业 3. 结算银行	二、备案流程 1. 申请备案 2. 开展跨国企业集团跨境双向人民币资金池业务	三、管理要求 1. 跨境双向人民币资金池专用账户 2. 净流入（出）额上限
相关概念	要建立资金池，企业集团应满足的条件	申请备案资金池业务的流程	办理跨境双向人民币资金池业务时应遵守的监管规定
痛点、重点、热点	痛点：新旧政策变化中资金池设立条件的变化		
辅助参考资料、工具	《关于进一步便利跨国企业集团开展跨境双向人民币资金池业务的通知》（银发〔2015〕279 号）		

　　主题是"跨境双向人民币资金池政策解读"。政策解读一般属于知识类。要注意，对知识内容中的每一个知识模块还要进行拆解。例如，设立条件经过拆解后包括境内成员企业、境外成员企业和结算银行。

　　对每一个知识模块（设立条件、备案流程、管理要求）中的相关概念也要一一提炼出来。痛点、重点、热点和辅助参考材料，与技能类课程分析相似。

　　通过这两个案例，相信你对于萃取内容有了整体的理解。请你根据此节的工具，萃取你要制作的微课内容。

四、套结构

　　萃取内容后，你还需要按一定的微课结构填充内容。本节主要分享三类制定结构的方法。

一）金字塔原理

根据金字塔原理，战略咨询公司麦卡锡设计了细分问题时最常用的工具——逻辑树。逻辑树实际上是拆解出问题的所有子问题，从最高层开始罗列，并逐步向下扩展。从纵向来看，每一层的观点是其下一层次观点的概括。从横向来看，每一层中各个观点之间相互独立，并且有一定的逻辑顺序。逻辑树常用于分析问题或呈现信息（见图2-2）。

图2-2是一个概念性的框架，图中序言、逻辑树、总结共同构成金字塔结构。金字塔结构可以保证解决问题过程的完整性，同时也是一个系统化的分解过程，可以将工作细分为一些便于操作的部分，确定各部分的优先顺序及其与所界定问题的关联。

根据麦卡锡的实践经验，高质量的逻辑树要符合所谓的MECE原则。MECE原则指同一层级内的各个要素之间完全独立，没有重叠，同时所有相关要素都已经被考虑，做到完全穷尽、没有遗漏。

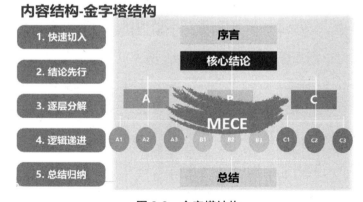

图 2-2　金字塔结构

例如，人类的生理性别分成男性和女性。男性和女性二者相互独立、完全穷尽，符合MECE原则。

再做一个练习。做午餐时你急着要买以下食材：葡萄、橘子、酸奶、土豆、苹果、牛奶、鸡蛋、胡萝卜和黄油。你情急之下匆匆出门，请问你如何在没有笔和纸的情况下快速记好要采购的物品？用1分钟时间思考，并用金字塔原理画出来。

参考答案：最上面一级是食品，分成三类。第1类是水果，有橘子、葡萄和苹果；第2类是蛋奶，牛奶、黄油、酸奶和鸡蛋（在这里有很多学员都会分错，不知道鸡蛋放在哪里）；第3类是蔬菜，土豆、胡萝卜。你答对了吗？

从图2-2中可以看到，金字塔结构实际上分为五步。

（1）快速切入。开场不要啰唆，直奔主题。

（2）结论先行。从结论先说起。

（3）逐层分解。按照逻辑树分解的结构，将信息层层展开。

（4）逻辑递进。确保同一层级各个观点之间相互独立，并且有一定的逻辑关系。

（5）总结归纳。总结收尾、强化记忆并引发行动。

可以看到，微课需要有简明扼要、生动有趣的序言，开场时要告诉学员，主题是什么；然后要说明，根据这个主题，相应的论点或观点是什么；接下来要讲清楚，对于每一个观点使用了什么样的论据。

需要注意的是，微课的序言要快速切入、不能拖沓，微课要简明扼要地说明场景、要解决的问题、涉及的任务等，来引发关注。为了防止学员因其他因素干扰或丧失兴趣而中途退出，最好在开场之后将结论和盘托出，从而让学员在很短的时间内能够有所收获。在吸引学员的前提下，可以进一步考虑内容模块的相互独立、完全穷尽，这样课程才能够条理清晰、逻辑性强，从而提升学习效果。

以上是金字塔结构的一些底层逻辑，在第四章第二节我们会展开讲金字塔结构。

二）以四种逻辑关系定结构

四种逻辑关系分别是树状型、矩阵型、流程型和图表型。

1. 树状型

树状型表示知识或者任务的上下层级的关系。推荐一个工具：上堆下切法。上堆下切法是一种语言的运用技巧，目的是引导对方思维上升到一个高度，以看到同等意义的其他选择，或者引导思维下降，以细化到更具体的内容。也就是说，越往上越抽象，越往下就越具体。思维往上就是归纳，往下就是演绎。我们说中国人的归纳能力比较强，外国人的演绎能力比较强，其实就是上堆和下切的区别。归纳和演绎在逻辑思维中尤为重要。

2. 矩阵型

矩阵型通过两维或者两轴的组合运用表示变量之间的逻辑关系。例如，波士顿的矩阵模型图把变量和变量之间的关系变成两维的模型。

3. 流程型

流程型按照时间或者任务先后顺序，呈现各流程之间的关系，简单地说就是递进，有着明确的时间先后关系。例如，"第一步—第二步—第三步"或"昨天—今天—明天"等流程。流程型结构在萃取经验或者任务时，经常会使用，建议读者多多练习。

4. 图表型

图表型主要用于各要素相互依存、循环占比及呈现变化趋势等情形。

图表有很多特点：（1）可以省略很多不需要的内容，记录迅速；（2）无论知识模块多么复杂，学员都能轻松地理解知识的关联性；（3）更容易发现缺失遗漏或矛盾的内容；（4）容易给学员留下深刻的记忆；（5）可以直接转化为报告书和图像资料。

三）两大微课结构

微课结构有两大类：知识类微课结构和技能类微课结构。

1. 知识类微课结构

在分享原理或者规章制度时，可以使用知识类微课结构（见图2-3）。

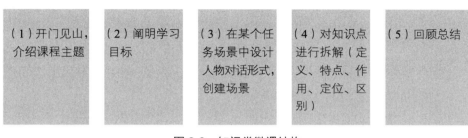

图2-3 知识类微课结构

（1）开门见山，介绍课程主题。

（2）阐明学习目标。制定学习目标时采用ABCD法（详见"二、定目标"），要讲清楚通过本节微课的分享，学员可以完成什么事情，或者理解哪个知识点，从而达到怎样的标准。

（3）在某个任务场景中设计人物对话形式，创建场景。知识类微课要包含某个场景，建议你设计人物对话场景，如小明提问某个原理，小张回答该原理的具体含义。通过对人物对话等场景的呈现，学员会把自己带入具体场景中，从而更好地理解课程内容。

（4）对知识点进行拆解。知识点可以拆解成不同的条目：定义、特点、作用、定位、区别。对于重点条目，建议结合案例进行展开。

（5）回顾总结。这部分可包含测试题目，目的是帮助学员串联知识、形成整体记忆。

此时建议读者停下来，默写知识类微课结构。这样做可以帮你在脑海中建立整个课程结构、形成整体记忆，在接下来写微课脚本时会比较从容、淡定。下面举一个案例，方便读者理解。

5分钟带你走进ISO 9001

（1）开门见山：大家好，我是×××，今天分享的微课是"5分钟带你走进ISO 9001"。

（2）学习目标：学员通过本次微课，理解ISO 9001质量管理标准的基本知识，从而可以在工作中贯彻该标准。

（3）场景：新员工培训教室。

　　人物：新员工小杨、质量体系工程师老王。

　　任务：老王是小杨的导师，每周一下午导师辅导新员工ISO 9001质量管理标准。

（4）核心知识点：ISO 9001质量管理标准的定义、历史、优点等。

（5）回顾要点+测试题。

2. 技能类微课结构

技能类微课与知识类微课类似，包含五个部分（见图2-4）：

（1）开门见山，介绍课程主题。

（2）阐明学习目标。

（3）提出案例场景和冲突。

（4）按步骤对流程进行介绍，给出解决方案（一般拆解成3~5步）。

（5）回顾与练习。

二者的差异在于第三、第四部分。

（1）开门见山，介绍课程主题	（2）阐明学习目标	（3）提出案例场景和冲突	（4）按步骤对流程进行介绍，给出解决方案	（5）回顾与练习

图 2-4　技能类微课结构

设计技能类微课时要注意，课程一定要有某个场景，可以从某个错误的事件开始，或者以某个事件的结果状态作为微课的引爆点。然后，重点设计技能操作的关键点，讲授正确操作的步骤。最后进行总结，归纳相关操作的正确流程。例如，在"销售冠军的成功秘诀"中，可以通过对销售冠军的追忆，分析销售工作中的时间管理、任务分配等重要步骤，以及销售人员如何才能提升销售工作的效率等重点、痛点。

下面举一个案例，方便读者理解。

质量保卫战——人员进入洁净区五部曲

（1）开门见山：大家好，我是×××，今天分享的微课是"质量保卫战——人员进入洁净区五部曲"。

（2）学习目标：通过本次微课学习，新入职员工在进入工厂洁净区后，可以遵守操作流程，保证过程中无出错率。

（3）场景：车间洁净区门口。

人物：新员工布晓芯、班长特盐粒。

任务：新员工布晓芯试图直接闯入洁净区，班长特盐粒立刻拦住，辅导布晓芯如何进入洁净区。

（4）步骤流程：换拖鞋；洗手；换洁净鞋；更衣；手消毒。

（5）回顾要点+测试题。

五、写脚本

把内容套进微课的结构中，形成微课的基本内容后，就可以开始撰写脚本了。脚本的设计直接决定了课程的质量，好比要拍摄一部电影，在开拍之前必须做大量的前期工作（选定演员、构思场景、编写故事脚本等），否则就很难拍出一部优秀的电影。微课也一样，有了好的脚本才可能有好的课程。

一）关于脚本的一些问题

首先用30秒的时间来思考几个问题：

- 要不要写脚本？
- 什么是微课脚本？
- 微课脚本有何用？

1. 要不要写脚本

笔者在辅导很多企业的时候，学员都会问：脚本到底要不要写？

答案是要写。在下列几种情况中更有必要写脚本。

情况一：你是新手。如果你还没有成为将一切了然于胸，可以一气呵成、无一遗漏的高手，那么把你的想法写下来，不仅有利于你后续的制作，让你有备无患，也有助于养成良好的习惯。

情况二：你想要快速提高。你可以在实际动手之前把脚本拿给你的同学、老师，争取他们的意见。你也可以在后续的制作过程中，再回过头来看一看微课脚本，分析一下脚本的优缺点，从而快速学习和提高。

情况三：你不是一个人在战斗。在很多企业，微课制作是通过团队合作完成的，有的员工擅长内容萃取，有的擅长教学设计，有的熟悉软件的使用。要想让团队配合无间，信息明确完整的脚本是关键之一。

2. 什么是微课脚本

一般来讲，脚本是指从事表演戏剧、拍摄电影书稿写作等创作工作时所依据的文稿底本。而微课作为一种视频呈现的形式，同样需要一个文稿底本。

微课的画面细节，包括场景、道具、演员、台词、后期音乐、呈现效果等，都要在脚本中提前设计。脚本是整个微课的录制大纲，用以确定微课的录制方向。

3. 微课脚本有何用

一个微课作品的诞生需要两个过程：一是前期的脚本设计，二是后期的录制合成。和教学设计相类似，在决定制作微课后的第一件事，不是去想画面如何呈现，而是对所讲述的内容进行规划，以帮助你厘清内容的逻辑关系，把问题讲得清楚且生动有趣。

脚本还可以解释短视频的拍摄轮廓或拍摄框架，为从事拍摄、剪辑等工作的人员提供指导。这样当录制微课时，速度会更快，效率会更高。

二）撰写脚本的基本原则

1. 画面感

好的脚本能够让人在看完之后，脑海中形成连贯的画面，就像最后的成品视频已经栩栩如生地呈现在眼前。

2. 细致化

脚本要尽可能细致，如有可能，要细化到秒。脚本要写清楚：何时出现什么图形，有哪些人物图像，他们的对话是什么样子的，画面上出现什么文字，有无字幕，旁白或音乐总体的风格是什么，等等。

3. 口语化

微课脚本就像一个小型的电影脚本，负责配音或制作的人会按照脚本来准备台词，脚本真实反映出了成品的样子，所以微课脚本的语言要口语化。

4. 草图化

如果来不及找到或者制作出具体的图形、音视频，可以采用UI设计中常用的圆形或草图技术，简单勾勒出框架或标注要点，以加速脚本的撰写。虽然很多人可能对自己的绘画能力不自信，但草图技术的关键不是美观，只要能体现重点、核心思想、框架结构即可。与草图对应的较完整的呈现形式是画布，制作画布的具体方法参考"六、制画布"。

三）撰写脚本的操作步骤

构思完脚本，就要去完善脚本的具体步骤。可以参照脚本设计表

（见表2-6）。

表2-6　脚本设计表

开发人		所在企业	
课件名称		课件形式	
课程目标			
关键词			
脚本内容			
课程总结			
测试题			

基本信息包括开发人、所在企业、课件名称、课件形式（H5页面、幻灯片、视频、动画、长图文等）。

课程目标按照马杰的ABCD教学目标填写；脚本内容的关键词可以从本章第二节的任务分析表（表2-2、表2-4）中复制。

接下来要写具体的脚本内容。如果你用幻灯片，就要写清楚每一页的内容。

最后要有课程的回顾和总结，以及配套的测试题。

举一个技能类微课脚本案例（见表2-7）。

表 2-7　脚本案例表

开发人	×××	所在企业	×××公司
课件名称	职场秘籍——你不得不 get 的加班制度	课件形式	视频微课
课程目标	通过本次微课学习，员工熟练运用公司加班制度及执行流程		
关键词	申请流程、补偿方式、加班类别		
脚本内容	第一页 　大家好，我是×××，今天给大家分享的微课是"你不得不 get 的加班制度"。 第二页 　教学对象：全体员工。 　教学目标：员工能够通过本次微课分享，掌握加班制度，提升工作效率，让执行制度标准化。		

续表

脚本内容	第三页 工作场景： 员工勤爱问：新入职员工，到岗 1 个月。2019 年 8 月大学毕业进入公司，工作积极、热情高、干劲大，9 月因项目突发问题加班 3 天。 人力资源部经理部达艺：35 岁，从事人力资源管理工作多年，经验丰富，对人和善且有耐心。 时间：2019 年 10 月 11 日。 场景描述：公司人力资源部办公室内，勤爱问发现 9 月工资中未体现 9 月加班费用，因此到人力资源部找人力资源部经理核实情况。 勤爱问："经理，我上月有 3 天加班，我没有调休，选择了支付加班费作为补偿，但是这个月发工资后，我发现并没支付给我加班费，您方便帮我看一下问题出在哪里吗？" 部达艺说："首先咱们先确定一件事，你的加班是按照公司规定的流程执行的吗？" 勤爱问听完一愣，一脸茫然地问："什么流程？不是领导安排完工作我来执行就可以了吗？考勤机上有记录不能证明加班吗？还要什么流程？" 部达艺点点头说："爱问，你加班比较辛苦，我能体谅你，但是咱们公司加班是有相关制度的。如果没有按照制度执行，你的加班就不会被视为有效加班，也就不会有加班费。" 第四页 勤爱问不好意思地挠挠脑袋说："经理，我刚入职没多久，上次新人培训我在外地出差没能参加，对公司制度的确比较生疏，您方便给我介绍一下吗？" 部达艺："首先，公司员工加班必须要提前发起申请，由你所在部门的负责人来填写'加班申请表'，说明详细缘由，然后经过公司的 OA 系统逐级签批同意后，方可视为有效的加班行为。所有加班，都需要按照公司考勤管理制度打卡。" 勤爱问："经理，这个是谁来审核呢？" 部达艺："一般来说，是由人力资源部—公司分管领导—总裁逐级签批的。" 第五页 勤爱问："您能帮我算一下加班费吗？我是 9 月 12 日晚上加班到 9 点半，9 月 13 日早上 8 点半到晚上 9 点半，9 月 14 日上午也来了 1 小时，所有加班时间我都打卡了，您可以查考勤记录。"

脚本内容	部达艺看勤爱问有些着急，就安慰他："爱问，你别急，我先跟你说一下加班时间规定。首先，加班分为三类，分别是工作日加班、周休日加班和法定节假日加班。这三类加班都以2小时为单位计算加班时间，不足2小时的部分不计；工作日加班是从每天的18点半起算，每天不能超过4小时；周休息日加班和法定节假日加班，每天不能超过8小时。而且，每个月加班的总时数上限是36小时，达到上限就不再批准加班了。而且未经过申请、签批的员工延长工作时间的行为，不作为公司认定的有效加班。公司在法定节假日期间由公司办公室统一安排的值班也不认定为加班。" 勤爱问不好意思地挠挠头说："经理，那我这个加班就属于未经申请、签批的无效加班呗。" 部达艺笑了笑说："没关系，你刚来，不熟悉公司制度，学习一下，以后就掌握了。" 第六页 勤爱问说："我还是有点糊涂，那您方便帮我算一下我那几天的加班费吗？" 部达艺找来一张白纸，在上面详细写明勤爱问的加班数据，并逐条讲解："首先你加班的这三天，已经完全覆盖了公司的加班类别，根据你的考勤记录，9月12日晚从6点半到9点半加班3小时属于工作日加班。你的固定工资是4000元，根据公司的加班核算公式，$4000 \div 21.75 \div 8 \times 150\% \times 3 = 103.45$元；9月13日是中秋节，属于国家法定节假日，根据你的考勤记录，当日加班时间8小时，核算公式为：$4000 \div 21.75 \div 8 \times 300\% \times 8 = 551.72$元；9月14日你虽然到公司加班，但是不足1小时，不计入加班时长，因此没有加班费。但是周末正常的加班费核算方式为：$4000 \div 21.75 \div 8 \times 200\% \times$加班小时。我这么说，你能理解吗？" 第七页 勤爱问连连点头说："谢谢经理，我明白了，但是还有个问题请教您，我可不可以选择调休方式作为加班补偿呢？" 部达艺说："当然可以，在申报加班时，需明确说明选择发放加班费或者选择调休。如果选择调休，应在6个月内根据加班时间调休完成。如果选择发放加班费，加班费补偿就于当月工资中给予计发。"

续表

脚本内容	第八页 　　勤爱问连连道谢，部达艺对于新员工虚心求教的态度非常满意，耐心地又安抚了几句："爱问，作为一名新员工，你的表现很不错，工作效率也很高，但是到了一家新的公司，除了要适应新的环境和工作伙伴，如何让自己更快地融入新环境中，其实是需要一些秘籍的，这些秘籍就是公司的各类规章制度。我们是一家成熟的公司，公司相关的规章制度非常完善，例如现行的假勤管理规定中，对于考勤、休假、加班都有明确的说明及流程标准，每次做新人培训时人力资源部都会详细讲解。你上次出差没能参加培训班，导致对公司制度比较生疏，我先发给你一份电子版制度学习一下，明天下午我 2 点有时间，你来找我，我再给你详细地培训一下其他的考勤、休假制度。" 　　勤爱问："太感谢您了，我今天晚上一定好好学习资料，明天带着问题来请教，谢谢您！" 第九页 　　那么部达艺又会给勤爱问做哪些制度培训呢？请收看下期"职场秘籍之假期管理规定"。
课程总结	总结回顾： 　　1. 员工加班，首先要由所在部门负责人填写"员工加班申请表"，并在 OA 系统中发起签报，逐级签批。 　　2. 明细表 表格如下

2. 明细表

加班类型	加班计算单位（起算）	时效范围	薪资计算方式	备注
工作日加班	2 小时	不超 4 小时	固定工资 ÷21.75÷8×150%× 加班小时	1. 工作日自 18 点半起算加班 2. 每月加班上限 36 小时
周休日加班		不超 8 小时	固定工资 ÷21.75÷8×200%× 加班小时	
法定节假日加班		不超 8 小时	固定工资 ÷21.75÷8×300%× 加班小时	

测试题	测试题目： 　　勤爱问于 10 月 18 日下班后，申请加班并获得批准，考勤显示该员工下班打卡时间为 11 点半，该员工当日的加班时长是多久呢？ 　　A. 1 小时 　　B. 2 小时 　　C. 3 小时 　　D. 4 小时

课件名称是"职场秘籍——你不得不get的加班制度"。

课件形式是视频微课,目标是员工能够通过本次微课分享掌握加班制度,提升工作效率,让执行制度标准化。

关键词是申请流程、补偿方式、加班类别。

脚本内容,第一页是开场白,第二页是教学对象、教学目标等。(注意,脚本跟草图是一一对应的,比如,第一页是什么样子,对应什么样的脚本,第二页是什么图,对应什么样的脚本……案例中省略了草图部分,实际做脚本时要呈现出来。)在表格的最后要有课程总结,还要设计一些测试题。

脚本写完之后,就要制画布了。

六、制画布

画布用于表现微课作品的设计意图和初步效果,是开发过程中的重要环节。

一)画布的特性

画布主要有以下三个特性。

1. 操作性

制画布是制作PPT课件前的重要一环,画布呈现效果的好坏决定了PPT整体设计的成败。画布一旦形成,哪怕是初稿也会让视频微课的开发变得更容易。

2. 快捷性

画布是一个快速表现的工具,能随时随地表现微课培训师的思维,帮助微课培训师将稍纵即逝的构思和灵感快速地记录下来,也就是把微课培训师丰富的形象思维和抽象思维尽快地表现为可视图形,使构思更成熟,将抽象的思维从头脑中转化成具体的形象,并通过徒手表达的形式快速呈现出来。

3. 迭代性

绘制画布的过程即推敲的过程。从简单的线条变化，再到创造性活动，微课培训师需要不断地将头脑中的构想图形、形体、空间加以组合，在画布上进行进一步的修改加工，推敲至完善。

这两张画布（见图2-5、图2-6）是过往学员所画的作品。可以看到，作品把微课脚本对应画面一一呈现了出来：第一页是微课的标题以及作者，第二页是教学对象和教学目标，中间页面为微课过程，最后两页是课程的回顾和总结。通过这样的画布，你能够在制作微课时做到有据可循，所以一般先写脚本，再做图，这样就会把整体思路理得非常清晰。

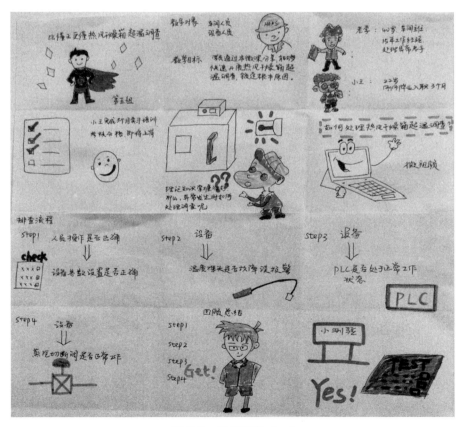

图 2-5 学员画布（一）

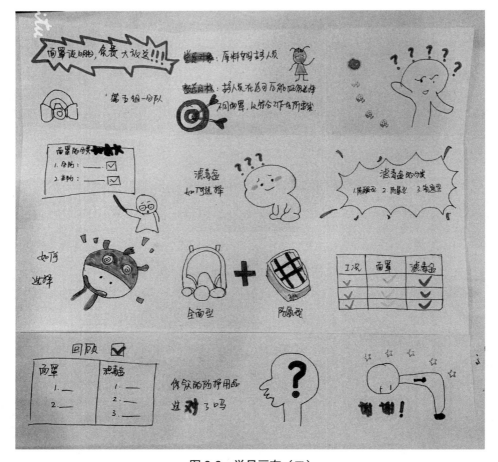

图 2-6　学员画布（二）

二）画布的生成方式

设计画布是微课培训师捕捉灵感、推敲设计、实践想法的重要手段之一。其生成方式有如下三种。

1. 灵感来临时瞬间捕捉

微课培训师在体验中往往会突发灵感，为了捕捉这种突显的灵感，可以将其记录在画布上。

2. 动手绘画，反复推敲

微课培训师需要解放自己的思想，运用"脑、眼、手、图"的方式，捕捉到比运用单一的大脑思维活动更多的新想法。这整个过程犹如登台阶，培训师的思维往往会由感知切换到理性，再由理性切换到感知，不断地从一个平台跳跃到另一个平台，在其中不断地优化画布。

3. 通过思考生成

微课培训师在头脑中完成信息总结，把这些物质、心理层面的信息组织升华为自身的设计，进而可以把抽象的思维落实到具体形象的实物上，便生成了设计画布。

七、制课件

本节主要介绍制作PPT幻灯片的工具，帮你快速制作微课。

PPT美化大师是一款可以把你的微课件变得更加精美的插件。进入官方网站下载安装后，打开软件，即可看见菜单栏中多了一项"美化大师"菜单，右侧边栏也会多出一排功能栏（见图2-7）。

PPT美化大师的功能有：

- 提供了大量的在线模板。
- 提供了丰富的素材。
- 可以一键输出为只读幻灯片。
- 嵌套在Office中，操作简易，运行快速。

图 2-7　PPT 美化大师

图 2-7　PPT 美化大师（续）

八、配录音

配音是整个微课制作过程中最容易被忽视的环节。很多学员不知道如何配音，要么配出来的声音平淡无奇，要么用机器人配音，效果都很一般。笔者强烈建议学员用自己的声音进行录制，并使用一些配音技巧，让微课视频变得声情并茂。接下来介绍配音技巧和注意事项。

一）配音前物料准备

配音的场地可以是安静的教室或者办公室，空间不能太大，一般在10平方米上下为宜。使用手机自带的录音功能即可。由于大部分手机的音频格式不是MP3，后期需要通过第三方软件（如格式工厂）进行格式转化。

二）配音前放松准备

可以张张嘴，尽可能地将嘴巴打开然后慢慢地闭合，目的是放松脸部肌肉。另外准备一杯水，稍稍抿一口，这样可以保护嗓子。

三）配音时的手机话筒位置

需要注意嘴离手机话筒的距离。距离远会造成声音发虚、发空、不清楚，距离近会喷话筒造成效果不佳，录制时以0.5米左右为最佳距离。

四）配音时的适度夸张

配音时尽可能地将声音放出，吐字咬紧。如果想让配音生动有趣，配音时可以带些方言，把字音加强、拉长、提高，将人物特点刻画出来。这种配音非常好玩，笔者带的工作坊学员创意十足，有些学员喜欢用一些方言配音，播放微课时引得课堂哄堂大笑。当然，也不能太夸张，把握一个度就好。

五）配音时的角色调频

配音不能死板，不是念稿子。培训师应尝试体会微课中角色的心理变化、说话口气变化、情绪变化。当角色发怒时就要凶一些，高兴时就要欢喜一些。

配音也是一种打磨的过程。在教学中笔者发现，有很多微课开发小组会在录音前，对脚本内容进行二次甚至多次修改，发现哪里读得不顺畅或者人物情绪不对就马上修改，以保证配音更加流畅。

注意：微课时长往往在10分钟以内，建议配音时一次性完成，不然后面合成比较麻烦，效果也不好。因此，在配音环节需要团队配合流畅，配音者也不能出现多余的停顿和语句。在线下工作坊中，笔者会给微课开发小组预留1小时的时间进行配音。小组一般会录5遍左右，从中选择一段最佳配音进行加工。

九、转合成

合成一般是将制作好的幻灯片和录音合成为视频格式。在合成前检查一下幻灯片的动画效果是否设置好，格式是否为PPTX，合成软件是否为Microsoft PowerPoint 2013或更新版本，以避免合成失败。另外将手机录好的音频导入电脑，检查一下音频格式是否为MP3，如果不是，则用格式工厂软件进行格式转换。如果这些素材都已准备好，可进入合成视频阶段。

合成视频的具体步骤如下：

（1）打开课程录音和课件，在"幻灯片放映"里点击"排练计时"（见图2-8），同时播放录音，根据音频内容，在电脑上依次播放幻灯片，使图像和音频同步。最后一页播放完时，会出现一个对话框（见图2-9），选择"是"，这样就生成了有排练计时的PPT课件。

图 2-8　排练计时

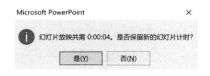

图 2-9　保留排练计时

（2）将录音音频插入第一页PPT中，具体路径："插入"→"音频"→"文件"中的音频。选中音频，设置播放格式，勾选"放映时隐藏""跨幻灯片播放"（见图2-10）。

图 2-10　音频设置

（3）用同样的方法插入背景音乐，选中"在后台播放"后（见图2-11），勾选"放映时隐藏""跨幻灯片播放""循环播放，直到停止"。

图2-11 背景音乐设置

（4）将旁白声音调到最大，背景音乐声音往往要调小一点。

（5）到"动画"里检查，旁白录音动画排列是否"0"，如果不是，则在"效果选项"之"计时"看一下，"开始"是否为"与上一动画同时"（见图2-12），否则，会导致画面播放很久才有声音。

（6）另存为视频。将幻灯片另存为视频，保存类型选择"MPEG-4视频"，选择一个路径进行保存。注意需要几分钟的时间，视频才能另存成功。

图2-12 计时设置

第三节　微课制作迭代与优化

一、微课开发经常遇到的坑

笔者发现，一些开发微课的企业会遇到一些困惑。他们说微课就是"金玉其外，败絮其中"，看上去很炫，但实际作用非常有限。经笔者总结，这些企业之所以这么想，是误入了微课开发的三大坑。

一）重形式，轻内容

有些培训师完全找错重点，被微课五花八门的形式深深吸引，无法自拔，整天研究哪种形式好看、哪种软件做微课更炫酷，把微课的内容、学习场景都抛在脑后，这样做出来的微课根本不能达到目标效果。因此，一定要回归到出发点，坚定一个原则——微课只是一种工具，它的价值在于内容能够帮助学员解决问题，教会学员任务技巧或相关知识。

二）把微课当万能药

即对微课的期望值过高。在很多人正苦恼培训费时费力、没什么用时，微课的出现让他们欣喜若狂：微课的形式丰富，主题比线下培训更明确；微课的时间灵活，不受区域限制，碎片时间也可以用来学习。微课完全符合人们对个性化学习的需求，很多人甚至觉得线上技术日益完善，线下的课程将会逐渐消失。

这话听起来似乎符合逻辑，其实不然，举个例子：

电烤箱在刚刚面世的时候，也引起了一阵热潮，其说明书上总写着可以做蛋糕、烤串等，但实际上，大家发现用电烤箱来做这些还是挺难的，所以一样东西即使具有很多功能，也得根据实际情况来发挥作用。线上微课乍一听就像是万能的，可使用之后就会发现，它是无法完全满足所有场景的学习需求的，微课必须和其他的学习形式互相补充、各取所长，才能发挥最大价值。

三）将线下课直接搬到线上

2019年，笔者接到一家大型交通服务国企的需求。这家企业希望将所有线下课程"原汁原味"地转化成线上课程：线下课程一次性讲10个要点，还要加上丰富的案例和练习，转换成微课时，只把10个要点的框架留下，其他都省了。当时笔者就提出建议，不能一刀切地将线下课程转成线上课程，要先梳理课程对象、课程类型，把课程中的知识、原理和简单的操作步骤，用微课的形式表现出来，这样才能将微课的效果发挥到极致。

最后提醒读者一点，微课只是工具不是目的。微课不是万能的，千万不要掉坑里——抱有错误的期望值，采取错误的开发方式，用照搬切割的方式做微课。只有明白了微课到底是什么、微课究竟有什么用，才能开发出一门好微课。

二、微课优化

表2-8是一份微课评分表，读者可根据各级指标对自己的微课进行评估和优化。

表 2-8　微课评分表

一级指标	二级指标	指标说明
选题设计（10分）	选题简明（5分）	主要针对知识点、例题／习题、实验活动等环节进行讲授、演算、分析、推理、答疑等。尽量"小（微）而精"，建议围绕某个具体的点，而不是抽象、宽泛的面
	设计合理（5分）	应围绕教学或学习中的典型问题或内容进行针对性设计，要能够有效解决教与学过程中的重点、难点、疑点、考点等问题
教学内容（25分）	科学正确（10分）	教学内容严谨，不出现任何科学性错误
	逻辑清晰（15分）	教学内容的组织与编排，要符合学员的认知逻辑规律，过程主线清晰、重点突出、逻辑性强、明了易懂
作品规范（15分）	结构完整（5分）	具有一定的独立性和完整性，作品必须包含微课视频，还应该包括在微课录制程中使用到的辅助扩展资料（微教案、微习题、微课件、微反思等），以便其他用户借鉴与使用
作品规范（15分）	技术规范（5分）	微课视频时长一般不超过10分钟，视频画质清晰，图像稳定，声音清楚（无杂音），音画同步；微教案要围绕所选主题进行设计，要突出重点、注重实效；微习题设计要有针对性与层次性，设计合理难度等级的主／客观习题；微课件设计要形象直观、层次分明、简单明了，教学辅助效果好；在微课拍摄制作完毕后进行观摩和分析形成微反思，力求客观真实、有理有据，富有启发性
	语言规范（5分）	发音标准，声音洪亮，有节奏感，语言富有感染力
教学效果（50分）	形式新颖（15分）	构思新颖，教学方法富有创意，不拘泥于传统的课堂教学模式，类型包括但不限于：教授类、解题类、答疑类、实验类、活动类、其他类；录制方法与工具可以自由组合，如手写板、电子白板、黑板、白纸、幻灯片、Pad、录屏软件、手机、DV 摄像机、数码相机等
	趣味性强（10分）	教学过程深入浅出、形象生动、精彩有趣，启发引导性强，有利于提升学员学习积极性
	目标达成（25分）	完成预定的教学目标，有效解决实际教学问题，促进学员思维的提升、能力的提高
总评（100分）		

1. 判断题

微课是以阐述多个简单、明确的知识点、技能项，从而解决某个具体问题、完成特定任务为目的，格式短小精悍的视频。（　　）

2. 选择题（多选）

知识类微课标题三式，分别是（　　）。

A. 武断式

B. 技能式

C. 网红式

D. 数字式

E. 虚拟式

3. 配对题

微课四种常见形式：

图文微课		MP3 格式的音频
视频微课		JPG 等格式的图片
H5 微课		MP4 格式，时长在 5~10 分钟为最佳
音频微课		交互式的学习方式，互动性较好

4. 填空题

撰写脚本的四项基本原则，分别是画面感、（　　）、口语化和（　　）。

5. 简答题

微课制作一共有九步，请问是哪九步？

（答案在下一章的回顾练习后。）

第一章 回顾练习答案

1. 错

2. C

3.

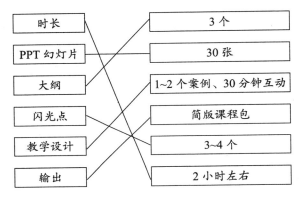

4. 覆盖性广；岗位关键

5. 学习地图是一套用于加速企业专业人才培养周期的培养体系规划、设计技术和方法论，是根据员工能力发展路径和职业规划设计的一系列学习行为。

第三章

二度直播课程开发

自从新冠病毒肺炎疫情暴发以来，企业的线上直播需求骤增，但是由于不适应培训场景的切换，部分培训师难以开发出有质量的线上直播课程，学员也并不"买账"。针对这种情况，本章将分享直播课程的完整开发流程。

第一节　直播课程开发易犯的四大致命错误

请你回忆一下，最近你有没有参加过令人失望的直播课程？课程中出现了哪些问题？导致这些问题的原因是什么？可以如何避免呢？本节总结了直播课程开发的四大致命错误，你可以在很多直播课程中发现它们。

1. 学员缺少参与

有些培训师认为线上直播就要分享"干货"，有没有学员参与不重要，这是非常危险的想法。试想在一门1小时的直播课程中，培训师始终在讲内容，即使刚开始学员能集中注意力，但过了10分钟或者20分钟后，也很可能走神。因此，培训师需要在课程中设计互动环节，让学员有参与感。如何设计有效的互动呢？可以参考第四节内容。

2. 知识密度过高

虽然直播以知识类课程为主，课上分享原理、定义、意义等内容较多，但不建议培训师在直播过程中分享过多知识，造成学员认知满负荷。只有让学员参与直播，学员才能有效记住知识和技巧，并将其初步用于工作场景中。什么样的知识密度是合理的呢？笔者建议直播中干货和互动之比为6∶4，即每小时中约有36分钟用于讲解纯知识，24分钟用于互动练习，这样学员不容易走神。

3. 过程缺少确认

很多培训师怕讲不完，于是不间断地讲知识，忽略了学员的即时反应。其实在每个模块结束后，培训师不妨和学员确认，知识点或技能项有没有理解？有没有疑问？如果没有，可以进入下一个模块，如果有，培训师需要调整授课安排，花些时间复习或者解答学员疑问。

4. 互动喧宾夺主

笔者曾经见过一位培训师，在一堂直播课中运用了20多个互动技巧，整堂课没有什么干货，如果互动代替了内容，即使氛围再好，由于干货太少，学员学习体验也会很差。

第二节 直播课程开发的思路

什么课程适合直播授课？或者说，什么课程不适合直播授课？

给读者出道题：有三门课程，分别是蛙泳技巧、地三鲜做法、中国历史知识。请问哪门课程最适合直播授课？将答案写出来，然后再看下面的内容。

答案：最适合直播授课的是中国历史知识。因为这是一门纯知识类的课程，即学员不知道某类知识，而培训师的教学目标就是让学员知道该知识。这种课程非常适合直播授课。

而地三鲜做法和蛙泳技巧是两门技能类的课程，即学员不能仅仅知道，还要能做到才行。

例如蛙泳技巧，老师把所有的分解动作全部都告诉了学员，学员也都记得清清楚楚的，那么学员就会游泳了吗？肯定没那么简单，学员如果下水照样得呛水。这种即使知道也做不到，还得附加大量的演练和纠偏才能够掌握的能力，笔者称之为技能。因此技能类课程更适合线下授课。

根据五度课程开发说明书，直播课程开发标准如下：（1）时长为1小时左右，最多不超过1.5小时；（2）有30张左右幻灯片；（3）有3个大纲；（4）有1~2个闪光点；（5）包含3个以上的案例，安排15分钟虚拟互动；（6）输出为PPT课件。

开发的思路包含三种：

1.根据学习地图直接开发

参照学习地图，采用二度课程开发标准开发，让培训师直接在线上赋能学员。

2. 根据原有课程的知识部分进行开发

可以将线下课程直接拆解成相应的知识点/技巧（见表3-1），然后进行开发。

表 3-1　课件 / 操作手册知识体系梳理表

电子课程开发人：　　　　　　　　　　开发日期：

课件名称	子模块	核心步骤	微知识点	优先开发题目
如何做好ETC产品业务市场营销？	一、产品研发	找出市场需求	有效开展同业调研	
		理解政策方向	全面梳理行业动态	
		设计产品类型	准确解读政策	
		制定服务协议	根据市场需求，如何准确进行产品设计	
			根据服务内容设计服务事项条款	

续表

课件名称	子模块	核心步骤	微知识点	优先开发题目
如何做好ETC产品业务市场营销？	二、政策研究	行业法律法规解读	搜集适用的法律法规	
		监管部门政策解读	收集适用的监管部门政策条例及管理办法	
		行内规章制度解读	及时掌握行内规章制度动态	
	三、制度设计	草拟业务管理办法	全面掌握业务相关政策	
		制定客户准入指引	制定资管行政外包业务客户准入管理办法	
		设计业务操作规程	设计系统操作规程的要点	
		下发业务通知	下发业务通知的流程	
	四、客户营销	制定业务营销指引	准确掌握市场需求及行业动态	
		业务宣导及培训	如何开展有效宣导和培训	
		寻找目标客户	资管行政外包业务客户有哪些	
		抓住客户需求	有效沟通技巧研究	
		提供服务方案及协议模板	根据客户需求准确制定服务方案	
	五、合同审核	标准版协议审核	确定协议修改内容	
			审核修改内容是否符合业务实际，是否合规合法	
		非标准版协议审核	审核修改内容是否符合业务实际，是否合规合法	

3. 根据企业实际需求进行开发

一般由业务部门发起需求，主要解决员工知识和偏知识的简单技能的不足。

第三节　直播课程敏捷开发步骤

一、确定选题

课程开发的第一步，就是确定课程选题。

直播课程开发中，对选题的判断和甄别非常重要，如果课程选题不恰当，后期会面临课题缺乏针对性、应用转化困难的问题，如果课题过大，会导致开发者无法掌控而被迫终止，如果选题过小，则会导致课程不适合线上直播交付。

要进行选题甄别，首先要识别选题类型。如果选题是某个领域的知识，例如学科知识、法规、制度、企业文化、产品介绍、系统功能等内容，那么就适合进行直播课程开发。如果是技能类、任务类的选题，则不适用此类课程开发。

知识类课程或提供新的知识信息，或加深学员对事物的理解程度。大部分以学科知识或者某个领域的专业知识作为内容的课程，都属于这一类。例如：

学科——工程物理、建筑钢材。

领域——制度法规、产品介绍、系统操作。

其次要识别学员对象。不同学员的需求不同，应用场景不同，需要学习的内容也会不同。同样选题的课程，给基层员工和管理人员讲，内容是不一样的。例如：物业消防安全，给基层员工讲，就更偏向执行层面，给中高层人员讲，就更偏向意识层面。

最后，要找到培训的需求，即回答以下问题：

- 背景：这门直播课程解决什么领域的问题？
- 现状：在这个领域中，目标学员面临的挑战是什么？
- 识别：是否可以通过培训解决上述挑战？是否一定要采用直播方式进行培训？

二、明确目标

第二步是如何定义目标，可以参考第二章第二节。但直播课程有一定的特殊性，一般以知识类分享为主，因此在设定目标时，建议学员要达到布鲁姆教学目标的第二层次，即理解层次（见图3-1）。例如，学员通过学习本次直播课程，理解跨部门沟通的基本原理。

图 3-1 布鲁姆教学目标六层次

三、搭建框架

第三步是将直播课程结构进行梳理，上文提到直播课程主要针对目标学员认知方面的不足，分享一定密度的知识。直播课程的呈现结构也需要和这一目标匹配。直播课程的常见结构有两种（见表3-2）。

表 3-2　常见结构

序号	类型	结构
1	WW（What+What）	What1+What2+What3+...
2	WW（What+Why）	What+Why1+Why2+...

1. WW（What+What）

课程所有模块全以纯知识呈现，有多少个知识点就有多少个模块。例如："中国的出口顺差和逆差"（见图3-2）。

中国的出口顺差和逆差

（1）出口顺差和逆差	（2）中国的出口顺差地区	（3）中国的出口逆差地区	（4）中国的出口顺差地区成因分类	（5）中国的出口逆差地区成因分类
• 出口顺差 • 出口逆差	• 五大顺差地区及贸易项	• 五大逆差地区及贸易项	• 中国的出口顺差地区成因分类	• 中国的出口逆差地区成因分类

图3-2　"中国的出口顺差和逆差"课程结构

2. WW（What+Why）

适用于概念加原理的课程。如"情境领导"课程（见图3-3），员工的状态分为四个阶段：R1阶段，员工没能力，没意愿；R2阶段，员工没能力，有意愿；R3阶段，员工有能力，没意愿；R4阶段，员工有能力，有意愿。针对员工状态四阶段的领导行为策略（Why），即S1、S2、S3和S4。What+Why是非常好的课程结构，很方便学员理解转化，适用于只包含概念和原理的课程，学科类的课程常用此结构。

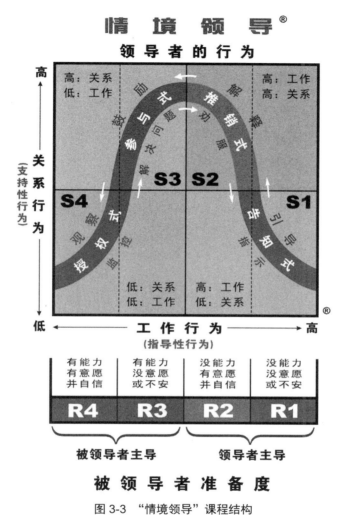

图 3-3　"情境领导"课程结构

四、素材整理

在确定课程结构后，就要根据课程框架准备相应的素材。简而言之，课程的大纲有几部分，就要准备相应的几部分素材。表3-3能有效地帮助你整理好素材。

表 3-3　课程开发素材表

×××课程开发素材

题目：
时长：
课程开发人：
大纲（不少于 2400 字）：
一、第一大纲标题
相关内容：

二、第二大纲标题
相关内容：

三、第三大纲标题
相关内容：

相关案例（准备两个）：

工具表单（准备三个）：

课程图片（准备十张以上）：

那么，搜索素材的途径有哪些呢？如何搜索素材呢？

搜索素材有两大方式：向内寻找个人经验、向外搜索课程素材。

1. 向内寻找个人经验

培训师在做某个主题的课程开发时，首先联想到的往往是自己，融合自己的工作经验、认知能力、背景知识等，看看能否先产出一些有价值的东西，这样课程内容会更真实、自然，也更稀缺。之后为了丰富内容，培训师再去别处搜索更有权威性的素材。

例如，你想开发一门物业消防管理课程，就要先从自身寻找素材。首先你要思考，消防管理的定义是什么？在物业中，消防管理的标准有哪些？注意事项是什么？然后，你就可以针对这些问题，列举自己或身边人的经历，如你的家人亲戚、同学朋友、老板同事遇到的事情等等。每个人每天都在经历各种事情，从每个人身上都可能找到相关的素材。

2. 向外搜索课程素材

如果第一条不好用，培训师只能去寻找外部的相关素材了。常见的外部搜索渠道有微信、微博、知乎、百度、豆瓣、优质书籍、付费课程。

其中，微信是最常用的。要完成一般性的素材获取和积累，通过微信本身的功能就可以实现。目前，公众号依然是高质量原创文章产出最多的内容平台，特别是一些优质的大号，推送的文章价值很大。你可以关注并置顶课程相关的公众号，以便于获取优质内容。

微信里有一个很好用的积累素材的功能，即收藏。看完内容后，你可以及时收藏有用的信息，文章、聊天记录、视频等都可以被收藏。以后要用某个素材的时候，你就可以直接从收藏夹里翻出来。

为方便查看，你可以给内容贴标签，这样搜索会更高效。例如，看到写作相关的好文章，就可以在收藏时贴个"写作类"标签，下次再用到时，直接在搜索里找"写作类"，就能找到相关内容了。

注意：虽然微信可以获取、积累素材，但千万不要只积累不动用，否则再多的素材，也只是一堆无用的信息。

微博的独特优势是：

- 热点事件最先爆发和传播最快的地方。
- 与微信朋友圈不同，微博是公开的。
- 微博热点事件下网友们的高赞评论，堪称宝藏。

例如，想要蹭热点的话，可以去看微博热搜榜；想要写某个人物专访的话，可以看该人物的微博主页；想要撰写内容的话，可以参考网友们的精辟评论，让内容更容易触发共鸣。

知乎上有许多专业人士，也有许多对某个主题的全方位解读等，内容领域垂直、质量相对较高。

百度，是大家最熟悉的网站之一，当你写某个概念时，你往往可以在百度百科里查到具体的内容。

豆瓣可以用来看书评，也可以用来找优质的图书相关素材。

此外，优质的书籍和付费课程也是很重要的素材渠道。因为书籍和课程都是有体系和风格的，你可以直接去找某个相关的主题。例如，你最近看课程开发相关的书，或听相关课程（最好是付费的），你就可以输出一篇关于如何做好课程开发的文章或PPT课件，如果能再加上你自己的思考，内容就更有价值了。

第四节　二度教学活动设计

在直播课程中，你只有一次宝贵的机会来创造良好的第一印象，能否做好课程开场，能否帮助学员快速进入学习状态，能否解决学员的疑问，都会影响到每个学员对直播课程的第一印象。在以学员为中心的直播课中，课程的每个环节，都要给学员留下积极的印象，这就要求培训师要善于使用不同类型的互动技巧、运用不同类型的教学活动（开场、结束、回顾、练习，以及跟传递知识相关的其他活动）。

成功加入丰富而有趣的互动元素，可以有效助力你玩转直播课堂。一般而言，学员并不习惯在整个直播过程中，从头到尾都被老师调动着参与活动，但是当他们体验到一个教学活动的效果，发现真的可以有效加深对知识的理解时，就会产生愉悦感，并且开始积极地期待下一个教学活动。

一、开场活动

1. 自我介绍

培训师的自我介绍很牛，就能代表这个人讲课也很牛吗？这二者肯定不能画等号，但是有一点是可以肯定的——学员听到培训师丰富的履历后，比较容易产生信任感。

所以培训师对于自我介绍，需要精心加以设计，其目的不仅仅是让学员更好地了解你，更是树立权威——为什么这门课程是你讲，而不是其他人讲呢？树立权威最直接的方式是：展示工作经历、头衔。

2. 价值导入

自我介绍后要做价值导入。什么是价值导入呢？就是让学员明白，课程到底能给他带来什么好处？能解决什么问题？提升什么能力？只有将课程价值与学员切身实际挂钩，学员才会打起精神，进入学习状态。

例如要讲一门团队管理的课程，在互动开场和自我介绍后，你可以这样做价值导入：

"你们有没有遇到过下面这几个问题：你跟下属交代的事情清楚明了，结果三天过后他给你的结果，压根就不是你想要的。遇到过吗？

"或者，你明知部门内部有很多问题，希望大家能够畅所欲言。但是你看看我，我看看你，都憋在心里，谁都不肯说。遇到过吗？作为团队管理者，该怎么办？本节课我将告诉大家，如何应对这些难题。"

你可以先感受一下这段话。培训师没有直接告诉你，课程能够带来什么样的收益，而是先找了几个痛点问题。把这几个问题抛给你，就可以激发你的兴趣。那么，应该怎么设计价值导入呢？

第一步是陈列痛点，你需要站在学员的角度去思考：在这门课程所属的领域里，学员最想解决的痛点有哪些？

第二步是锚定痛点，在你罗列出来的多个痛点中，挑选出痛感最强的两到三个。

第三步是转换句式，把痛点变成下面这个句式——"×××有什么趋势？就是……各位你有遇到过下面这几个问题吗？"

假设你要去讲一门相亲课程，第一步干什么？你要陈列痛点。你需要站在学员的角度去思考，这些有相亲需求的人，他们会产生什么样的具体的痛点。如果你是讲这门课程的老师，你一定可以把痛点清单罗列得很长，这是第一步罗列痛点。

第二步你需要锚定痛点。哪几个痛点最普遍？将这几个痛点标出来。例如，"不知道自己的需求是什么，也不知道对另一半的要求是什么""相亲时如何知道对方是否靠谱""见面时和对方挺有眼缘，聊着聊着，结果没有下文了""相亲有一段时间了，想表白时一哆嗦，最后修不成正果"。

第三步要转换句式，把痛点改成以下句式：

"你有没有遇到过这些问题？因为自我认知不清，相亲了很多次，根本不知道自己想要找什么样的男友/女友，只是疲于应付；又或者有对上眼缘的异性，不知道怎么聊天，不知道对方对自己的看法；当两个人相互信任时，想表白却不知道如何开口。

"各位，如果你为这些问题苦恼过，那么今天这节课可以帮助你。一起来看一下今天的课程有哪些内容。"

一个很简单的开场三问法，有没有让你眼睛一亮，感觉"哇，老师所讲的就是我想要听的，这个有点意思，老师你快讲我想听"？开场不是走过场，而是要激发学员的兴趣，让他们竖起耳朵听。

激发学员的兴趣后，你就可以顺理成章地介绍课程，包括课程的整个安排、1小时里要讲哪些内容等，帮助学员建立起大致的框架。接下来就可以进入直播课程的主要内容了。

二、中场活动：测试题

中场活动是针对直播课程的主要知识点设计的互动活动，是对知识讲解技能示范的有效补充，其目的是在轻松的氛围中，实现从培训师到学员的知识迁移，并帮助学员有效理解关键知识。

在面授培训中，因为培训师和学员处于同一个封闭空间内，因此，为了帮助学员掌握和理解知识，可以设计一系列复杂的学习活动。如果在直播培训中还这样设计学习活动的话，一方面学员的参与度会大大降低，另一方面培训师操作起来也非常麻烦，活动效果会远远低于预期。因此，在直播课程中，设计互动活动时要遵循一个基本原则：把难的交给老师，把容易的交给学员。即把难度大的事情交给培训师去设计和实施，给学员提供难度小的挑战，让学员通过探索的方式来自己完成挑战。

直播课程一般以知识类课程为主，知识类课程如何设计相应的学习活动呢？

通常而言，培训师会布置测试题来检验学员是否掌握相关知识点，测试题目一般包括判断题、选择题、配对题、填空题和简答题，这样的方式可以让学员有效地参与到对知识的构建和处理中。

一）判断题

培训师把知识点设置成判断题，学员直接在文档或纸张上打对错，也可以在聊天框中输入T/F或Y/N，然后培训师逐一公布答案并进行讲解。

判断题设计技巧：

- 将知识点改成相反逻辑。

- 修改知识点的某个关键词。

- 变化知识点的语气程度，一般是让语气更加绝对。

判断题示例（见图3-4）：

判断题（正确输入Y，错误输入N）

1. 课程标题中可以使用"与""和"等字样，比如：物业管理与计划管理。
2. 课程标题中可以出现"培训"等字样，比如：财务管理报销培训。
3. 教学目标中不可以使用"掌握""了解"等词语描述动作。
4. 讲师可以在课程一开始直接进入What部分，讲干货。
5. 2小时课程可以开发态度／意识类课程。
6. 布鲁姆课程分类中KSA是指问题、技能和态度。
7. 做课程开发可以直接开发PPT课件。
8. 教学目标ABCD中的C是指条件。
9. 自然学习循环圈最后一个If What指的是教学内容。

直接在聊天区上输入答案，如NYYNN

图 3-4　判断题示例

二）选择题

培训师把知识点设置成单选题或者多选题，先让学员选答案，然后公布正确答案，并对各个选项逐一进行讲解。

选择题设计技巧：

- 题干能把问题交代清楚。

- 题干中要包含尽可能多的内容，选项要尽可能短。

- 题干中只包含具体阐明问题所需的材料。

- 题干中不可滥用否定结构。

- 尽可能用新的材料来编写试题，以测量学员的理解程度和原理应用能力。

- 答案必须明确无误。

- 错误的选项应似是而非，起干扰作用。

- 不能提供答题的暗示或线索。

单选题示例（见图3-5）：

单选题

亲和力对讲师相当重要，要教东西，首先要
被别人接受和喜欢，关键是（　　）。

A．见人就微笑
B．赞美学员
C．同频同律，先跟后带
D．发放奖品

图 3-5　单选题示例

多选题示例（见图3-6）：

多选题

三点法运用了（　　）。

A．左脑的逻辑
B．下意识的反应
C．右脑的想象
D．潜意识的素材
E．意识的长期训练

图 3-6　多选题示例

三）配对题

把知识点设置成配对题，让学员连线找出答案，培训师再公布正确答案并进行分析。

配对题设计技巧：

- 需要给出明确的指示说明，在说明中告知学员题目和选项之间的配对逻辑关系，在哪里写答案，以及选项能否重复使用等。

- 试着将选项按规律排序：如果把第二栏的选项按照字母顺序、年份顺序或者概念顺序排列，相比随机排列来说，学员可以更快地读题、找到答案。

- 可以编写一些多余的干扰项：通常在第二栏中，会列出4到7个选项，如果其中有干扰项，则需要告知学员。

- 注意题目的布局和格式：一定要把两栏都放在同一页上，避免学员来回翻页，通常把填空的位置放在题干的左边，把选项放在页面的右侧，用数字对题干进行编号，用大写字母对选项进行编号（用大写字母编号比用小写字母更清楚）。

配对题示例（见图3-7）：

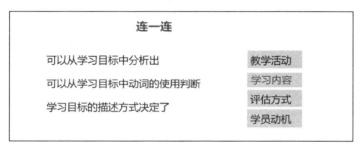

图 3-7　配对题示例

四）填空题

填空题是指把语句的部分词语隐去，培训师先请学员把这些词语分别填进这些语句里，然后公布正确答案并进行讲解。

填空题设计技巧：

- 试题应当考察重要的内容，不应考察琐碎的东西。

- 表述完整，含义清楚。

- 答案应是明确唯一的。

- 语言应贴切、准确。

- 填空题不能留过多的空白，留空处应是关键的词、词组所在之处。

- 填空题的空白最好避免在句首。

填空题示例（见图3-8）：

1. 破冰是讲师基本功，逢冰必破，（　　　）。
2. "55-38-7"法则强调了（　　　）在讲课中的重要性。
3. 内训师发展三阶段：（　　　）、（　　　）、（　　　）。
4. 讲师三大规范：（　　　）、（　　　）、（　　　）。

图 3-8　填空题示例

五）简答题

简答题是指培训师把要讲解的内容设计成问题，先让学员根据问题进行思考，并连麦分享或者把答案写在聊天框中，然后再公布正确答案并进行讲解。

简答题设计技巧：

- 明确你所要考查的是什么能力，试题是否一定需要这些能力才能解答。
- 要用新的材料或新的方式来编写试题。
- 题目的任务要求十分明确。
- 答案的长度及复杂程度应适应学员的发展程度。
- 要考虑是否有可能对所提出的问题给出一个科学的答案或论证。

简答题示例（图3-9）：

五、简答题

请你在聊天室里写出课程开发三大关键步骤。

图 3-9　简答题示例

三、结尾活动

回想一下，你最近一次参加的直播课的最后5分钟，培训师是怎么做的？培训师有没有让学员提问？培训师是否认真解答学员的疑惑？回答环节花的时间是否过长？这些对于培训成果转化非常重要。这些互动环节被用来固化知识，让学员最大化地记忆培训内容。当学员离开直播课堂时，应该很清楚自己将如何运用知识开展工作，并且对于工作中的下一个行动计划了然于心。所以，一个好的结尾活动应该能激发学员内在的学习动机，起到鼓舞人心的效果。好的结尾活动应具备以下几个特征：

1. 感恩学员

在教学活动中，学员相对培训师付出更多精力，因此培训师应向在场的学员表示感谢。

2. 回顾要点

将所学内容串讲一遍，加深学员印象。

3. 呼吁行动

激励学员根据课堂所学，制定后续的行动计划，如果学员离开课堂时都不能清楚地了解自己能做什么，那培训师的努力就相当于白费力气。所以结尾活动要帮学员实现学以致用，他们要了解如何将所学应用到工作中，并为这种应用做好准备。

除此之外，培训师可以用学习复盘卡（见表3-4）作为结尾活动：让学员思考四个问题，将问题的答案写在聊天框中，然后由培训师进行反馈和点评。

表 3-4　学习复盘卡

1. 目前，你还记得的1~3个关键词或句子是什么？	2. 本次课程让你想起的一个过往经历是什么？哪个环节最让你开心？
3. 本次课程你主要的感悟和启发有哪些？	4. 回去后可以立刻进行什么行动？我们可以立即改善状况的行动是什么？

1. 判断题

高难度的技能培训适合用直播形式呈现。（　　）

2. 选择题（多选）

直播课程开发的主要思路包括（　　）。

A. 根据个人经验直接开发

B. 根据学习地图直接开发

C. 根据专家经验直接开发

D. 根据原有课程的知识部分进行开发

E. 根据原有课程的态度部分进行开发

F. 根据企业实际需求进行开发

3. 配对题

配对题	培训师把陈述句设置成单选题或者多选题，先让学员选答案，然后培训师公布正确答案，并对各个选项逐一进行讲解。
判断题	培训师把关键知识点的陈述句设置成配对题，让学员连线找出答案，培训师再公布正确答案并进行分析。
简答题	培训师把陈述句设置成判断题，学员直接在文档或纸张上打对错，也可以在聊天框中输入 T/F 或 Y/N，然后培训师逐一公布答案并进行讲解。
选择题	培训师把语句的部分词语隐去，先请学员把这些词语分别填进这些语句里，然后公布正确答案并进行讲解。
填空题	培训师把要讲解的内容设计成问题，先让学员根据问题进行思考，并连麦分享或者把答案写在聊天框中，然后再公布正确答案并进行讲解。

4. 填空题

直播二度教学活动设计一般包括三种活动，分别是开场活动、（　　　）和（　　　）。

5. 简答题

直播课程敏捷开发步骤有哪些？

（答案在下一章的回顾练习后。）

第二章 回顾练习答案

1. 错

2. ACD

3.

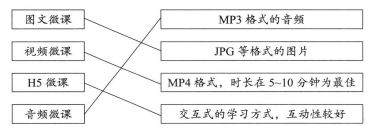

4. 细致化；草图化

5. 第一步定主题；第二步定目标；第三步萃内容；第四步套结构；第五步写脚本；第六步制画布；第七步制课件；第八步配录音；第九步转合成。

第四章

三度面授课程开发

在前面几章，笔者为各位读者详细地介绍了线上微课和直播课程开发的步骤和工具表单。从这一章开始，笔者将介绍面授课程开发。与线上课程不同的是，面授课程开发更偏重于能力、技巧、操作方面的设计和交付。

第一节 强化学习效果的教育策略

2015年10月，笔者给一家央企做内训师大赛评委。组委会很有心，为了保证大赛公平、公开、公正，将教评分离，即赛前辅导和评审不能为同一位老师或者来自同一家机构。因此，决赛时特地聘请外部专家进行"盲审"，笔者有幸入围专家组，4天时间，对16支代表队的近200位专/兼职内训师进行打分。每位选手有10分钟时间呈现授课，评委对教学设计、演绎表达、内容组织等版块评分。

大赛结束后，主办方开了一场复盘分析会，结论之一是：总体而言，大部分选手的表现过于中规中矩，缺少课堂活力，让不少评委走神。只有少部分选手的设计有章法，让人印象深刻。最终，参赛选手的教学设计普遍分数不高。

有专家提出，应当让选手强化学习一些教学设计背后的原理。确实，很多选手只掌握了一些教学的工具和方法，但对于教学背后的原理却理解不深、掌握不精。导致为教而教，不明白为何教，更不懂教学背后的底层逻辑。

接下来，笔者从四个方面详细介绍强化学习效果的教育策略。

一、基于脑科学的六好原则

最近几年，脑科学、认知心理学是培训圈热词。也许你会问，为什么研究脑科学呢？因为教育界早已达成共识——掌握脑科学的培训师可以更好地帮助学员学习与发展。脑科学对课程开发的启示包括：创设适于大脑学习、促进大脑发展的课堂教学环境，科学合理地安排教学内容、教学过程、教学方法、教学评价方式等教学要素……

研究大脑的结构和认知活动，能够有效地帮助培训师开发课程。例如，大脑遵循着"要么使用它，要么失去它"规律。除非你特意强化并提高神经通路的使用效率，否则它们就会枯萎，就会被修剪。成年人也会通过一种叫作"神经形成"的过程获得新的神经元，大脑的这种可塑性让课程设计师和学员知道：大脑是可以根据学员和环境的互动方式改变的。在课堂上，培训师需要尝试设计符合大脑工作规律的学习环境，要知道这些脑科学原则以及如何使用它们。接下来，笔者将介绍基于脑科学的六好原则：

- 动好于坐。
- 说好于听。
- 图片好于文字。
- 写好于读。
- 短好于长。
- 不同好于相同。

第1个原则：动好于坐

"动好于坐"源于约翰·梅迪纳（John Meclina）的《让大脑自由》一书，该书认为运动能刺激大脑的能量，无论何种形式的运动都能够为大脑提供更多氧气，从而刺激大脑的认知。相反，学员坐的时间越长，思考和学习就越困难，这是因为大脑获得的氧气量在不断减少。

所以在教学设计中，需要给学员提供活动机会。在一门培训课程中，至少每隔5~10分钟，你就要鼓励学员去做一些动作，例如起立、伸展、转身、与人交谈、蹲下、书写、甩手臂和腿、转头、活动肩部等，也可以采用一些短暂、快速的与主题相关的复习活动，在带领学员活动的同时，传递课程的相关内容。

第2个原则：说好于听

杰·克罗斯（Jay Cross）的《非正式学习》一书中提到，学习是社会性的行为，你从他人身上学习，也给他人以学习和启发，最终大家可以通过合作来学习。当学员去讨论听到的内容时，他们把信息处理了三遍：第1遍，听别人说；第2遍，自己想；第3遍，用自己的话进行复述。所以在课程中，要不断地刺激学员，让学员去说，而且是不断地说。在学员分享的同时，也要加强演练。在笔者的课程上，经常会让学员进行分组讨论，例如两人一组，三人一组，或者同一桌的学员一组，甚至整个班级一组，讨论时间1~5分钟。

第3个原则：图片好于文字

大脑记忆形象的能力要优于记忆文字的能力，所以在授课的材料或PPT课件中，要加入更加形象的元素，如图片或视频，还可以加入些故事、比喻或者一些真实案例、工作场景，让学员能够通过形象记忆来更好地学习。

第4个原则：写好于读

写会调动学员的视觉、听觉和触觉，是多种感官的协同工作。当学员记录的时候，他几乎不可能同时去思考其他的事情。相比阅读，书写时的注意力需要更加集中，学员对内容的吸收也更加高效，对自己写下的内容记忆会更加长久。因此在授课中，要给学员一定的时间，让他写下对刚才所学的感悟和反思。笔者就经常给学员布置"对于你所学到的内容，写下三点感悟或收获"的任务（见图4-1）。

学习天地

第一组	1. 学到课程制作模式 2. 学到互动方法 3. 学到提问技巧	1. 什么是课程开发 2. 课程开发步骤 3. 理顺课程开发前期思路	1. 巩固昨天学习内容 2. 学习案例分析技巧 3. 拓宽了教学活动多样性	1. 动手操作加深学习效果 2. 师生互动强化情绪调节 3. 节奏把控
第二组	1. 案例的内容结构 2. 多元化教学活动 3. 要用教学活动带出教学内容	1. 学会课程调研方法 2. 运用课程目标撰写方法 3. 学会课程大纲撰写技巧	1. 课程内容金字塔结构 2. 课程五度开发标准 3. 刻意练习	1. 内容翔实 2. 形式多样 3. 体验互动
第三组	1. 2W1H逻辑性 2. 授课方式 3. 有效调动学员情绪	1. 课程一二级大纲撰写 2. 教学活动多样化 3. 优化自己课程结构	1. 支持成人学习四项建议 2. 三大理论主义对课堂效果的影响 3. 开心，边学边做	1. 认识到老师是位有趣的人 2. 对课程标题拟定有全面认识和运用 3. 互动形式值得学习

图 4-1 课程感悟或收获

第5个原则：短好于长

越短的内容越易记忆，反之，越长的内容越不易记忆。所以在设计课程中，不能将一个模块设计成60分钟或者90分钟的整体，而是把要传递的内容层层切割，切成更小的单元（如像微课一样，10~20分钟的小段），从而让学员的记忆更加清晰、稳固。

第6个原则：不同好于相同

人脑会忽略不断重复的相同信息，作为老师，要设计不同的教学活动。例如：前面是讲，那么现在就演；前面是演，现在就练；前面是练，那么现在就是评。

以上就是在课程设计中所使用的六好原则，这些原则能够显著地提升学员的学习效果。

二、课程的三大分类

1956年，布鲁姆召集了一个教育工作者委员会，该委员会认为学习目标分为三个重要领域，分别是认知领域、动作技能领域、情感领域。

1. 认知领域

认知领域也称知识，涉及智力技能的发展。例如比特币的定义、对项目管理原则的理解等。知识类课程主要是告诉学员"×××是什么"，但是学员往往会根据自己的理解去操作，易导致学员理解不统一、操作方法和流程不统一、质量标准不统一。

2. 动作技能领域

动作技能领域也称技能，指身体动作、协调以及利用动作技能完成任务。这项技能也包括操作某种设备的能力。技能类课程包括老师的展示示范、学员的多次训练、优秀模范的评选、操作技能大赛、岗位模拟演练、岗位实习等教学方法，多个方法常被同时使用，从而实现学员理解统一、操作方法和流程统一、质量标准统一。

3. 情感领域

情感领域也称态度，指人们对事物的情感反应，例如感受、动机和热情。例如塑造阳光心态、企业文化等课程。此类课程目的就是把"让我做"变成"我要做"，把"让我学"变成"我要学"，增强学员的内在驱动力。

自布鲁姆分类学诞生，缩写词KSA（Knowledge、Skill、Attitude，知识、技能和态度）就被普遍使用（见图4-2），笔者在做课程开发工作坊时发现，企业级课程开发往往是混合式的，即一门课程包含KSA三个元素。

KSA模型

图 4-2　课程的三大分类

例如"销售经理拜访客户三大技巧",从标题来看,它属于技能类课程,而如果用KSA拆分课程内容,可以这么拆解:30%内容为知识类,50%内容为技能类,20%内容为态度类。因此,企业现在开发的课程理论上大多为混合型。问题来了,如何判断课程到底属于什么类型呢?可以参照这个标准:某类内容占比达到50%,那么这门课程就属于这一类。因此"销售经理拜访客户三大技巧"属于S类(技能类)。

注意:不建议开发K类(知识类)线下课程,越来越多的企业将知识类课程碎片化,开发成微课供学员学习。如何开发线上微课,可以参阅第二章的内容。

三、自然学习循环圈

1979年,美国麦卡锡公司开始研究学员走进教室时,到底关心什么问题。伯尼斯·麦卡锡(Bernice McCathy)和丹尼斯·麦卡锡(Dennis McCathy)两姐妹撰写了《自然学习设计》,根据大量的研究表明,学员走进教室时会关注Why、What、How、If What四个问题,四个问题之间有逻辑,且存在先后顺序。(见图4-3)

图4-3 自然学习循环圈

Why

学员收益、企业收益是什么？培训师在课程一开始就要告诉学员为什么要学这门课程。这里有个评判标准：

- 本课程是否帮助学员解决工作问题
- 本课程能否提升学员工作能力
- 本课程能否改善学员工作绩效

以上评判标准是站在学员的角度想知道的，如果站在老师的角度，Why就是教学目标，即在课程结束的时候，学员需要达成这些目标。关于教学目标如何撰写，后续章节会有专题介绍。

What

学员将学习到什么内容？一般情况下，What根据Why进行设计开发。关于内容开发，后续章节会有专题介绍。

How

培训师会用什么方式教学员？教学活动有两个设计思路：从课程开发角度，先开发内容再设计活动。从教学实施角度正好相反，教学活动在先，教学内容在后。

If What

作为学员，怎么学以致用？能不能取得相关支持？有没有相关学习资料（如工具表单）？

自然学习循环圈就是为了让学员学会相关的知识技能之后，真正解决实际工作中的问题，培训师在完成一次循环后，如果有未完成的学习目标，可以继续进行下一个循环。

四、课程开发两大模型

一）ADDIE课程模型

经典课程开发方法有很多种，其中流传最广的是ADDIE模型（见图4-4），即分析、设计、开发、实施和评估。A（分析）是对课程所要达到的行为目标、任务、学员、环境、绩效目标等进行一系列分析。D（设计）是对将要进行的课程内容进行活动设计，并制订评估标准。D（开发）是针对已经设计好的课程框架、评估手段等，进行相应的课程内容撰写、页面设计、测试等。I（实施）是对已经开发的课程进行教学实施。E（评价）是对已经完成的课程及学员学习效果进行评估。

在ADDIE模型的五个阶段中，分析与设计属基础，开发与实施是核心，评价为检验，三者互为联系，密不可分。

1. 分析

首先，培训师需要收集数据以确定具体需求——课程的学员是谁，课程内容是什么，何地、何时进行课程和为什么要进行课程。在此基础上，培训师要确定学员需要了解什么才能获得成功、组织需要什么，以及初始诊断是否准确。即使项目发起人（利益相关方）认为自己知道问题在哪里、解决方案是什么，培训师的分析也是必不可少的。因为虽然项目发起人的信息可能是正确的，但他们对于学员或内容的理解可能并不完整。

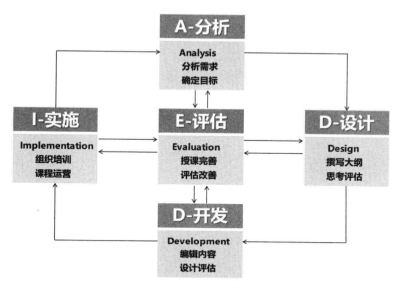

图 4-4　ADDIE 课程开发模型

培训师在分析阶段核实信息，并弥补课程效果和要求之间可能存在的不匹配。需要确认：

- 项目发起人要求的成果或者标准。
- 组织需求。
- 期望取得的绩效成果和需要执行的任务。
- 学员以及影响他们的因素。
- 项目的制约条件。

在收集完项目信息后，必须先分析一个至关重要的问题：课程能否真正解决问题？这要求培训师找出发起课程的根本原因。（笔者在这里要敲一下黑板，注意：不是所有的组织问题都是可以由课程解决的！）

一旦确定课程是企业问题的合适解决方案（或解决方案的组成部分），那么培训师就应该确定具体的课程需求。此时，需要确认：

- 谁是项目的赞助人（比如预算主管）？
- 谁最关注项目是否成功？

- 开发课程的目的是什么？

- 改变哪些行为？培养哪些技能？

- 课程的学员是谁？

- 可以使用什么样的教学手段？

- 过去曾尝试过什么样的教学手段？结果是什么？

- 现有材料是什么？采用了什么形式（手册、指南、PPT课件、讲师笔记等）？什么时候完成材料制作？

- 需要谁参与？

- 谁（如专家、业务主管、学员）可提供帮助？

通过分析上述问题，培训师可以决定课程采用正式、非正式还是混合解决方案，并明了有哪些可用资源、可能引起障碍的制约因素，以及如何确保解决方案与组织战略相协调。在分析阶段，可运用大量不同的方法来收集和审核数据，例如一对一访谈、问卷调研、焦点小组等。

2. 设计

在这一阶段，培训师要根据利益相关者和项目发起人的意见，制订一份完成课程项目所必需的说明提纲。基本内容包括目标和评估任务。然后基于课程平台的相关决策和其他实施问题的体系结构，确定各项任务的顺序。在这一阶段，培训师应完成：

- 撰写学习目标。

- 制定评估计划。

- 制定用于交付内容的形式。

- 制定课程顺序和结构。

- 绘制逻辑图和目标图。

- 确定必需的材料，并起草副本。

- 编制报告、撰写情况摘要。

培训师应利用这个机会，与项目发起人或利益相关者就当前进度开展初步交流，并为他们提供建议和反馈，这有助于确保课程方案达成他们的预期要求。

3. 开发

在这一阶段，内容和材料从概念设计转变为可交付成果。在开发阶段中，培训师可以使用试点测试、原型设计、模拟授课或其他评估方法来测试交付是否准确有效。并在全套教材开发完并产生课程费用前做出必要的更改。评估还能够帮助培训师对他们所设计内容的准确度产生自信。

开发阶段的主要任务包括：

- 编写学员手册和讲师手册，呈交项目专家小组对准确性进行审核。
- 编制并审核非印刷媒介内容，如音频、视频和基于多媒体技术的其他学习内容。
- 对内容进行试点测试，完成原型制作，并根据需要对材料进行修改。
- 材料打包和分发，以备实施。

4. 实施

在这一阶段，培训师运用所选的形式（例如培训师引导课程、技术辅助学习活动或混合式学习方案）来交付内容。培训师应该对课程方案的实施进行监督，以防出现任何意外情况。例如，课程方案中包含引导环节，那么培训师可以为首次交付准备备用计划，并请专业人士提供支持和反馈。他们还应该关注课程方案中需要在当前或未来进行改进的部分。

在这一阶段，培训师需要：

- 评估课程方案。
- 对材料使用的效果进行审查。
- 确定课程对于不同学员、学员群体规模、形式和时间安排的效果。

- 阐明需要在再次实施课程方案之前做出的修改。

5. 评估

虽然是ADDIE模型中的最后一个阶段，但对整个课程开发过程中的每一步、每一点，培训师都应进行评估，并确保发起人和利益相关者参与其中。每个阶段的评估活动包括：

- 分析：判断预期取得的成果与发起人的要求是否相符。
- 设计：确定每个评估层级的目标。培训师可对计划进行初步评估，与发起人共同审查，并确认目标符合他们的期望。
- 开发：经确认的教学计划需要获得专家的评估。这一阶段开展的评估还能够确认所有设计要求是否都已经满足、内容是否准确。
- 实施：第1级（反应）和第2级（学习）评估在此阶段完成，为培训师、学员和项目发起人提供反馈。
- 评估：在这一阶段，培训师进行第3级（行为）评估，即学习迁移效果，和第4级（结果）评估，即目标成果的实现程度。他们还应该评估在岗环境是否支持学习。

培训师应该在每个阶段与项目发起人和利益相关者沟通，分享评估结果，以确保满足他们的期望。培训师还可以使用最终评估结果来回顾经验教训、确定流程改进。

二）SAM敏捷迭代开发模型

SAM是Successive Approximation Model的缩写，字面意思为"逐次逼近模型"或"持续接近模型"，国内同行引入时翻译成"敏捷迭代开发模型"。SAM模型有三个特点（见图4-5）：从模型的角度来看，SAM模型可以不断迭代，逐渐修正到与现实情况最贴切的版本；从操作层面来看，SAM模型一旦发生问题，直接返回到前面一步重新修改、测试；从复杂程度来看，SAM模型有三个阶段八个步骤，相对简洁。

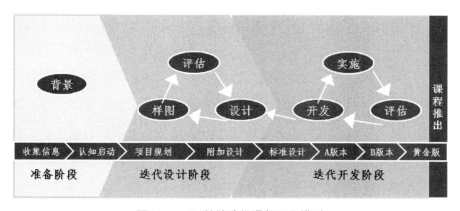

图4-5　SAM敏捷迭代课程开发模型

1. 准备阶段（Preparation Phase）

在尝试设计第一个课程版本之前，首先要做的工作是收集背景信息。背景信息将用于设定目标、识别特殊问题和排除其他选择，通过缩小范围为下一阶段做准备。这个时候可以做一些关于课程方案的头脑风暴，邀请利益相关者和开发团队一起回顾课程的背景信息，以生成最初的课程方案。此外这样做，也可以决定谁是负责人、需要获得什么样的成果。这种集体讨论课程方案的方式可以有效决定主要绩效目标，也能有效规避组织层级制度的限制。（这种制度极易遮掩真正的需求和目标。）

2. 迭代设计阶段（Iterative Design Phase）

项目规划就是确定任务及其负责人。附加设计则是在多次迭代过程中，团队成员集中讨论、分析课程设计上的矛盾或解决出现的问题。样图是指培训师要通过实例进行具体说明，使人更容易理解概念、提出问题。最后，要进行详细评估。

3. 迭代开发阶段（Iterative Development Phase）

迭代有助于设计过程，对开发活动有很大作用。首先创建课程的标准设计样本进行测试评估，之后，参考评估结果，依次开发不同版本的内容——A版本（内部测试）、B版本（开放测试）、黄金版（正式版）

等，利益相关方可以对每个版本进行反复评估和修正。只有这样才能在正式交付前得到最大限度地贴近各方利益相关者需求的最成熟版本。

在开发阶段伊始，培训师通常要编制标准设计。标准设计就是处于第一个开发周期中的产品，对于涉及微课、直播、线下培训等多种教学方式的项目，需要向每种教学方式提供一个开发周期。标准设计在本质上是对于初步解决方案的可视化和功能性演示，是一个整合后的产品，用来测试和证明其可行性。在功能性或可用性方面，标准设计比样图要高，用的工具和制作样图时一致，具有可交付性。利用这种方式，标准设计不仅可以用来测试课程设计的可行性，还可以用来测试课程开发系统的可行性。

第二节　三度课程开发步骤

在上一节中介绍了强化学习效果的教育策略，本节将介绍面授课程开发步骤，需要注意的是三度、四度和五度开发都遵循本节的开发步骤。具体开发步骤包括：需求调研、确定主题、设计目标、确定结构、撰写大纲、案例撰写、活动设计、课程制作等。其中活动设计将单独进行阐述。

笔者有个惯例，就是在项目实施前和客户召开一次线上电话会议。2016年，笔者接到浙江某国有银行的课程开发需求，这次课程需求由该银行业务部门发起，是该银行首次邀请外部专家进行课程的辅导开发，开发的主要目的是：培训师可借助课件为新进业务员进行业务培训，让她们能快速学会、做好支行的各项一线工作。

会议沟通顺畅、需求明确。会后，出于职业敏感，笔者问了客户一个问题：为什么他们之前的课程都是自行开发，而这一次却邀请专家协助开发？

客户先是一愣，然后慢慢答道：之前自行开发的课程完全是东拼西凑的，课件都是从百度搜索的，因为没有做需求调研，所以课程对一线员工没有明显效果。所以这次企业想推倒重来，邀请专家把把脉，辅导学员开发符合一线支行需求的相关课程。

反思：客户意识到缺少需求调研的课程开发没有针对性，属于"瞎折腾"，造成了不小的人力浪费。因此，作为课程开发重要一环，需求调研可谓必不可少。接下来我们来思考一下，需求调研该如何做？有什么注意事项？

一、需求调研

本节将从四个方面进行介绍：需求调研流程的五个步骤、需求调研的五个方法和注意事项、问卷调查法、课程立项说明书。

一）需求调研流程的五个步骤

课程首先要明确目标从何而来，要了解学员的真正需求，要找到学员目前存在的问题，只有根据这些情况进行课程的设计开发与实施，才实现培训目标、真正取得培训效果。

在上一节中，笔者给各位介绍了课程开发的经典模型ADDIE，模式中的A就是分析，分析的最终目的就是确定培训的目标。可以看出，目标导向原则在课程开发过程中非常重要。

课程需求调研的基本流程分为五个步骤。

（1）确定调查范围、对象。调查范围不可过于宽泛，应根据课程对象选出大致的范围进行调查，调查对象要根据具体的情况确定，一定要有代表性。这时候培训师要对学员做一个基本的分析，例如他的学历、职位，在本公司（企业）的工作年限，属于新员工还是属于老员工，属于基层、中层还是高层等等。

（2）确定调查方法、内容。根据对象具体的情况，结合条件，选择相应的调查方法，同时设计调查的内容。

（3）实施调查。即对选取的调查方式、方法加以实践。

（4）分析结果。对于调查的结果要进行深入分析，找到真正需求。

（5）确定课程内容。根据调查结果确定课程内容。

二）需求调研的五个方法和注意事项

企业常用的五个需求调研方法分别是：行为观察法、数据资料分析法、问卷调查法、面谈沟通法和小组讨论法。

其中，课程开发时最为常用的是问卷调查法和面谈沟通法。接下来详细介绍问卷调查法和面谈沟通法。

问卷调查法的优点是样本量大、分发和管理比较快速、易于录入和整合。传统的问卷调查法用的是纸质问卷，现在有很多线上问卷调查工具（如问卷星），可以直接通过网络发放问卷。

面谈沟通法，也称结构化访谈法。它的优点是可以对需求进行深入探究，并且获取的信息较丰富、可结合情境因素。缺点是成本高、耗时长，而且访谈者需要做前期训练和实践，对结果进行分析和整合也比较困难。

实际课程开发中，不同需求调研方法的适用场景也不相同。问卷调查法覆盖面比较广，因此很适合用于基层一线员工。对于中层及以上的管理者，培训师应尽量用面谈沟通法，通过访谈，可以了解到管理者对于课程的具体期待。

所以在做需求调研的时候，培训师需要把这两者有机结合。例如，笔者在2015年为上海电信公司开发销售经理的课程项目，当时采用了问卷调查法和面谈沟通法，最后取得了不错的效果。通过与分管领导的访谈和对销售经理的问题调查，笔者前期精准地找到了痛点，根据痛点设计课程，进而有效地提升了销售经理在销售过程中的主观能动性。要注意的是，面谈沟通法需要访谈者具有丰富的访谈经验、技巧，访谈者也可以结合一些教练技术，如"如何提问、如何观察以及结构化的一些提问的方法"。

这里要补充一下，在需求调研的时候，上述五个方法叫客观调研。

主观判断则是培训师的自我判断，需要问自己三个问题：

第一，为什么要做课程？这个问题反映课程背景和目标。

第二，如果没有这个课程会怎么样？这个问题用以检验需求的紧迫性和真实性。

第三，如何证明你的课程能满足学员的需求？这个问题有助于培训师事先准备课程内容和教材。

通过需求调研三问，也能够知道课程重点在哪里、方向是否正确。主观判断和客观调研需要结合使用。

三）问卷调查法

大家看一下这套问卷模板（见表4-1）：

表 4-1　课程需求调查表

初拟定课程名称：	课题负责人：

被采访人：	岗位：	电话：

在本课程领域中有哪些常见困惑或问题：

1.
2.
3.
4.
5.
6.
7.
8.

备注：本栏未填满6项无效

续表

初拟定课程名称：	课题负责人：

被采访人：	岗位：	电话：

在本课程领域中想学到哪些知识或技能：

1.

2.

3.

4.

5.

6.

7.

8.

备注：本栏未填满 6 项无效

可以推荐或提供的相关书籍、资讯、PPT、案例等：

课程需求调查表分为三块内容。

1. 调查问题

初拟定的课程名称、课题负责人由培训师填写，课程名称需要一目了然。

2. 调查对象的基本信息

注意：发放调查问卷至少要覆盖目标学员群体的80%。例如某企业的一线班组长有80位，那么调查时至少要发放64份调查问卷。采集电话是很有必要的，原因在于，课题负责人经常需要联系个别调查对象，以核实相应信息，或者对问卷的填写内容进行沟通交流。

3. 常见困惑或问题，及对应的知识或技能

困惑或问题是调查对象在所处的领域或岗位经常遇到的痛点，培训师需要通过问卷收集的就是这些痛点。注意，在本栏中至少要填满一定项数（比如表4-1要求的6项），少于该项数的问卷被称为废卷。

与困惑对应，调查对象也应填写想通过课程学到的知识或技能，一般会填写一些理论知识、操作技巧。

最后，如果调查对象接触过相关的书籍和资料，也可以填写在表上，以便于培训师进行收集。

问卷收集后，培训师要把频率比较高的3~5项困惑或问题拎出来，课程要能解决这些。同理，培训师也要从调查对象的知识或技能中拎出3~5项，最好用一张统计表进行汇总。（见表4-2）

表 4-2 学员需求分析统计表

编号	学员需求及关注点	关键词	人数
1			
2			
3			
4			
5			
6			
7			
8			
9			
10			
11			
12			
13			
14			
15			
16			

简单地说，培训师写好课程标题、负责人，发放问卷给调查对象，由调查对象完成剩下几栏。问卷可以是纸质表格、电子表格，也可以是问卷星等在线形式，并用微信转发、填写，后者可以明显提升问卷发放、统计的效率。

四）课程立项说明书

课程立项说明书是整个需求调研的重要一环（见图4-6），它解决的问题是"课程的依据是什么"，它决定了整个课程的开发的方向，而其背后的逻辑是ADDIE模型。

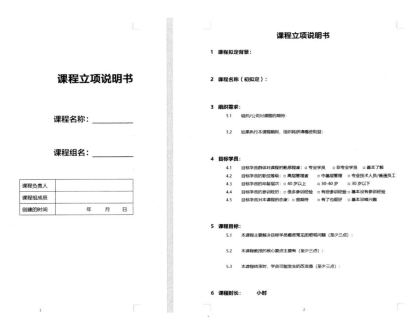

图 4-6　课程立项说明书

课程立项说明书的第一页是封面，包括课程名称、课程组名、课程负责人、课程组成员等元素。

第二页分成六大部分。

第一部分是课程的拟定背景。你需要用两三句话写一下为什么设立这门课程、课程背景是什么。

第二部分是初拟的课程的名称。前两部分相对好写。

第三部分是组织需求。你需要就课程与业务部门面对面沟通，找到业务部门对课程的期待，并且反思，如果课程执行顺利，组织将会获得的利益。对于这一部分，建议你去做一对一的访谈，来收集业务部门的期待。

注意：业务部门的期待非常重要！因为课程开发本就是为企业的战略或者绩效所服务的。

第四部分是目标学员。你需要了解目标学员对课程的熟悉程度、职务等级、年龄层次、参训经历、对本课程的态度等，建议在课前通过问卷进行调研。

第五部分是课程目标。培训师要结合课程需求调查表，整理出目标学员的困惑或问题，从而明确学员应知应会的知识点或者技能项，作为课程的核心要点。结课后学员可能会有的其他改变也应一一写明。

第六部分是课程时长，请参照课程开发标准。

注意：在填写完课程立项说明书后，务必让相关部门进行签字确认！不然在课程开发完毕后，如果业务部门不承认课程或者认为课程帮助不大，这时后悔就来不及了。

接下来看一个具体案例（见图4-7），通过分析这个案例，可以帮助你理解如何写好课程立项说明书。

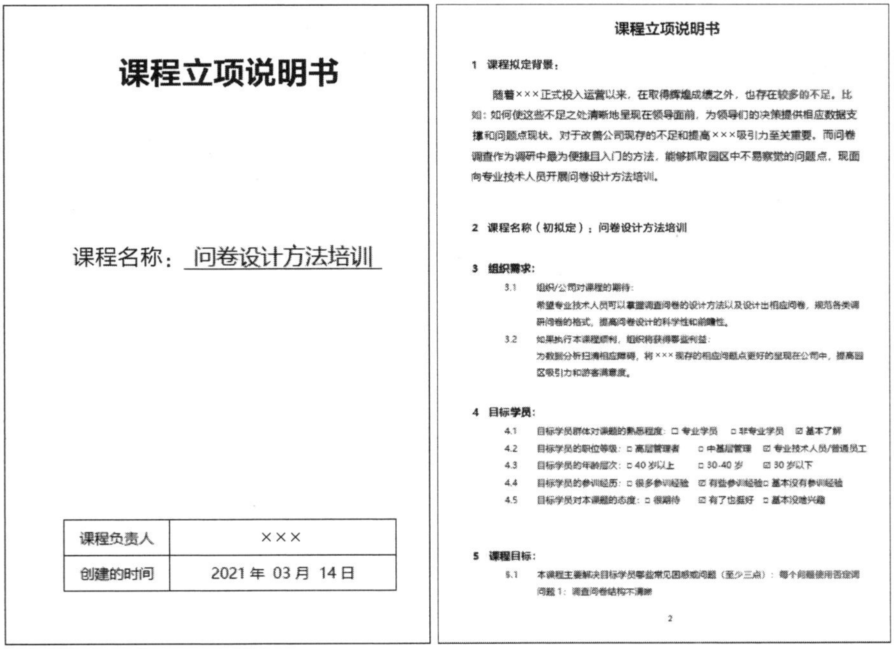

课程立项说明书

课程名称：问卷设计方法培训

课程负责人	×××
创建的时间	2021年03月14日

课程立项说明书

1 课程拟定背景：

随着×××正式投入运营以来，在取得辉煌成绩之外，也存在较多的不足。比如：如何使这些不足之处清晰地呈现在领导面前，为领导们的决策提供相应数据支撑和问题点现状。对于改善公司现存的不足和提高×××吸引力至关重要。而问卷调查作为调研中最为便捷且入门的方法，能够抓取园区中不易察觉的问题点，现面向专业技术人员开展问卷设计方法培训。

2 课程名称（初拟定）：问卷设计方法培训

3 组织需求：

3.1 组织/公司对课程的期待：
希望专业技术人员可以掌握调查问卷的设计方法以及设计出相应问卷，规范各类调研问卷的格式，提高问卷设计的科学性和前瞻性。

3.2 如果执行本课程顺利，组织将获得哪些利益：
为数据分析扫清相应障碍，将×××现存的相应问题点更好的呈现在公司中，提高园区吸引力和游客满意度。

4 目标学员：

4.1 目标学员群体对课题的熟悉程度：□ 专业学员　□ 非专业学员　☑ 基本了解
4.2 目标学员的职位等级：□ 高层管理者　□ 中基层管理　☑ 专业技术人员/普通员工
4.3 目标学员的年龄层次：□ 40 岁以上　□ 30-40 岁　☑ 30 岁以下
4.4 目标学员的参训经历：□ 很多参训经验　☑ 有些参训经验□ 基本没有参训经验
4.5 目标学员对本课题的态度：□ 很期待　☑ 有了也挺好　□ 基本没啥兴趣

5 课程目标：

5.1 本课程主要解决目标学员哪些常见困惑或问题（至少三点）：每个问题使用否定词
问题 1：调查问卷结构不清晰

2

图4-7　课程立项说明书范例点评

问题 2：调查问卷设计技巧欠缺

问题 3：不知道检验调查问卷质量

5.2 本课程教授的核心要点主要有（至少三点）

核心点 1：调查问卷设计的基本结构

核心点 2：问卷设计的主要技巧

核心点 3：调查问卷评价标准。

5.3 本课程结束时，学员可能发生的改变是（至少三点）

改变点 1：有发现问题的意识，将具体问题转化为操作化指标

改变点 2：能根据所在岗位发现的问题，设计出问卷初稿

改变点 3：学员间能够相互评价各自问卷的优缺点。

6 课程时长：2 小时

点评：

本课程调研比较用心，对组织需求和学员需求分析较为到位，能够抓住学员在设计问卷中遇到的痛点。

如果在以下方面加以改进会更好：

1、标题不能出现“培训”、“提升×××能力”等字样。

2、选题不够聚焦。建议增加业务场景，比如：基于专业人员遇到设备突发故障的问卷设计方法。

3、课程背景中描述问题不清楚。

3

图 4-7 课程立项说明书范例点评（续）

通过上述案例可以看出，做好需求调研十分不易，培训师不仅要对调研的内容熟悉，还需要对业务部门、目标学员进行详细的沟通分析。只有功课做足了，需求才能抓得准，后续开发才有价值和意义。

二、确定主题

课程立项说明书经相关部门审核后，培训师就可以确定课程主题了。那么，如何确定主题？如何取一个响亮的课程标题？在本节你将学习确定主题的原则及方法、制定课程标题的五大技巧。

一）确定主题的原则及方法

确定主题就是通过需求调研，确定课程的核心目标，这也是ADDIE中的“A”的具体含义。

确定课程主题需要遵循三个原则：

1. 去伪存真

业务部门有时候并不清楚自己真正的需求，类似于感冒患者不清楚自己的病因。感冒分风寒感冒、病毒性感冒等多种，对于不一样的病因，治疗方案是不一样的。所以作为培训师，一定要抓住业务部门真正的需求。

2. 抓大放小

在调研过程中，调研对象不同，得到的结果肯定也不完全一致。到底以什么为课程的主要内容呢？作为培训师要时时把"大多数人"放在心里面，针对"大多数人"的需求做相应的设计和开发。

3. 注意关键人物

在"照顾大多数员工"的原则下，还要注意关键人物，因为关键人物对本次课程会产生重大影响。关键人物可能是业务部门负责人、人力资源负责人，也有可能是公司的老总，他们的意见和想法很重要。

制定课程主题的思路有四种：

1. 从问题出发

课程的目的之一就是解决问题，例如学员的岗位存在什么问题，或在某个场景中存在的问题，作为课程目标就要去解决这个问题，这是目前培训开发时最常见的视角。

2. 从绩效出发

从绩效的角度去考察学员存在什么不足，然后针对这些不足设计相应的课程和内容进行培训，这种方式更加有规范性，会比从问题出发的角度更加深入，同时也更加客观。

3. 从能力出发

就是对前面两种类型的深入，也可以说是从根本上去找原因。员工在工作中存在问题或者业绩不佳，其实最根本的原因就是能力问题。

4. 从培训的基本功能出发

上面所提到的三个角度可以归纳成三个小的方面：知识传播、态度改变和技能提升。这三方面就是培训的基本功能。培训师可以综合这三点来制定课程主题。

二）制定标题五大技巧

在课程开发中有三个关键环节：定题、成纲、列案例。一般而言：定题知方向，成纲搭框架，列案例化细节。

定题知方向，标题定得不好，会导致方向也不明确。在2014年，笔者给一家能源企业做课程开发培训，其中有一个学习小组前期没有做严格的定题把关，导致该小组在把所有的待提交课程内容全部做出来之后，才发现已经严重跑题，不得不重新开始。不仅浪费时间，返工也非常困难。所以在课程开发之前，一定要把课程的标题给定好。那么，标题怎么制定？标题要跟你的课程目标、课程主题密切相关。

俗话说，一个好的标题能够让学员一目了然，一个好的标题能够让学员对所讲的内容有个大致的了解，一个好的标题也能够让学员全情投入。

所以标题重不重要？重要！如何制定一个非常有效，而且能够让学员一看就懂的标题？这里给读者一些方法和技巧作为参考。

1. ABC法则

ABC法则里的A是audience，即目标学员，B是benefit，即利益、好处，C是content，即核心内容。例如有一门版权课程，它的标题是按照ABC法则设计的，叫"高效人士的七个习惯"。你看一下，在这个题目中哪个是A呢？A—目标学员是"职场人士"。B—利益好处是"高效"，C—核心内容是"七个习惯"。所以，一个好的标题能够让整个课程能够得到质的飞跃。

2. 主副标题模式

主标题抓眼球、副标题定内容，主标题感性、副标题理性。例如"财富保卫战——教你四招防诈骗"，这个标题效果就不错。这是笔者在2018年给某家银行客户做课程大赛辅导时，学员经过辅导后修改的课程标题。你可以看到，"财富保卫战"就是把财富保卫起来，是不是很感性、抓眼球？那么，如何保卫？看副标题的时候，学员就知道具体内容讲什么："教你四招防诈骗"，一目了然。所以，这门课程在课程大赛中成绩不错，这和它的主副标题的魅力是分不开的。

3. 标题结构化、结构数字化

无论是技巧类、技能类、任务流程类的课程，都可以用这种方式拟题。例如课程讲的是流水线包装，具体流程有四步，那么就可以叫"流水线包装的四部曲"，你会发现看到标题就对内容一目了然了。所以你应在标题中把课程的关键信息、关键内容给呈现出来。

4. 用"如何"开头

如果你原来的标题是陈述句，那么建议把它改成疑问句，用"如何"进行开头。因为对于学员而言，提出一个问题远远比陈述一个概念更有吸引力。例如，原本标题是"不动产项目建设造价管理"，改成"如何做好不动产项目建设造价管理"，就能更容易勾起学员的兴趣。

5. 避免标题过大

笔者发现很多学员在定题的时候，往往2~3天的内容都用同一个标题，这就犯了大忌。怎么改？需要在核心内容前面加相应的定语。例如讲有效沟通，有效沟通是不是范围很大？所以要在这个标题中加一个定语，如"如何实现部门之间的有效沟通"。在此基础上可以再加更多定语，如限定某个情境——"如何在电话中实现部门之间的有效沟通"。随着加的定语越来越多，标题越来越细化，所要表述的内容也越来越精准。

三、设计目标

定题后需要思考：课程要不要有目标？当然需要！没有目标，课程内容就没有办法细化。所以定题之后，要先把课程目标确定下来。

在传统教学中，常见这类课程目标描述："教会学员沟通技巧""通过教学培养学员沟通意识"。注意，"教会""培养"等都是模糊的教学目标，到底有没有"教会"、"培养"有没有成功，很难知道。所以这些传统教学目标的局限性很严重。

这些目标通常会有以下特点：

- 目标规定笼统、空泛。
- 往往重视教学内容、教学活动，不详细说明学习结果及行为、能力的变化。

所以在撰写课程目标的时候要考虑三个维度。

1. 确定课程目标必须考虑的三方面因素

（1）企业需求。要符合企业战略，解决业务问题。

（2）学员特征。前文说过这个特征，学员是多大年龄，什么岗位？做什么职务？是基层的还是中层的？这些都是学员的特征。

（3）学科特点。课程属于K类知识类，还是属于A类，还是属于技能类？这些都要做相应的区分。

2. 对课程目标进行描述

尽可能要找出与目标相关的所有行为，这里需要注意，对行为的表述包含一个动词，动词分为模糊动词和实意动词。

模糊动词是难以评估、难以衡量的，例如"了解""感觉"，在教学目标、教学评估中不能出现这些模糊动词。实意动词代表某个具体的动作，并且这个动作在教学评估中是可以去衡量，可以去量化的。（见图4-8）

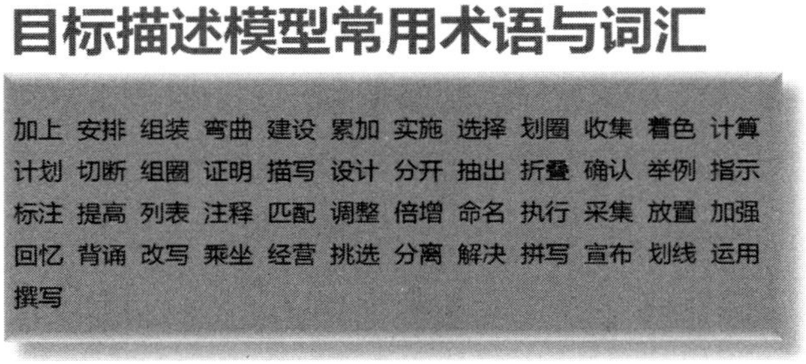

目标描述模型常用术语与词汇

加上 安排 组装 弯曲 建设 累加 实施 选择 划圈 收集 着色 计算
计划 切断 组圈 证明 描写 设计 分开 抽出 折叠 确认 举例 指示
标注 提高 列表 注释 匹配 调整 倍增 命名 执行 采集 放置 加强
回忆 背诵 改写 乘坐 经营 挑选 分离 解决 拼写 宣布 划线 运用
撰写

图 4-8　常用实意动词表

3. 课程目标的四个要素：学员、行为、条件和标准

前两个维度里，已经提到了学员、行为，现在要对课程目标进行补齐。

课程目标描述的是在培训课程结束后，可以观察、衡量的学员行为改变或学员表现改变，培训师需要衡量实际改变是否能达到预期，来确定是否实现了培训目标。在2017年以前，笔者辅导学员撰写目标时，都是泛泛的，例如了解什么、感觉什么，但是最终做教学评估时，难以衡量这些目标是否实现。

2017年，笔者开始用ABCD法（见第二章第二节）来撰写课程目标，才解决了上述问题。

四、确定结构

设计好教学目标，课程设计师就知道本课程的发展方向和预期效果。接下来，要思考课程的逻辑、框架、结构。本节从两个方面进行介绍，一是金字塔结构，二是常见的四种课程内容结构。

一）金字塔结构

在课程开发中一定要讲究相应的逻辑框架。课程如果没有逻辑框架，会让学员听得很困难、很茫然，课程效果很差。相反，如果你的课程有逻辑框架，会让学员很容易理解、记忆课程内容，甚至能举一反三。

笔者在第二章第二节讲过金字塔结构，这个结构也适用于设计线下课程。金字塔结构一共分为5步：快速切入、结论先行、逐层分解、逻辑递进、总结归纳。

当你要确定课题的时候，你要把你的主题放在金字塔的最上面，主题下面要确定相应的观点，从左到右依次是你的观点一、观点二、观点三，对于每一个观点，你要思索，有没有什么样的案例去支撑它。

金字塔结构其实包含了三种更细分的逻辑关系：

1. 时间顺序关系：如过去—现在—未来，或昨天—今天—明天。

2. 并列关系：每个知识点之间是并列的，没有主次，没有先后。

3. 递进关系：如第一—第二—第三，有先后有递进。

接下来请看图4-9，这张图对于开发课程非常重要。如果看明白了这张图，开发课程就会非常简单。

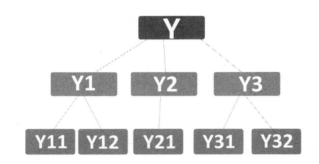

图 4-9　课程逻辑 Y 型图

首先，你会看到最上面有一个Y，其下有Y1、Y2、Y3，Y1下又有Y11、Y12。这里有两种逻辑关系，第一种叫作横向转换，就是从一个模块横向转换到同一上级模块下的另一个模块，如Y1到Y2。第二种叫作纵向转换，是从一个模块纵向转换到其上级或下级模块，如Y1到Y或Y1到Y12。

那么，在这张图中一共做了几次横向转换和纵向转换（仅考虑从左到右、从上到下）？

一共8次纵向转换、4次横向转换。你答对了吗？横向转换是Y1到Y2、Y2到Y3、Y11到Y12、Y31到Y32。纵向转换就是图上的8条线。

在课程开发的过程中，Y12到Y1这个过程叫小结。Y3到Y这个过程叫课程总结。每个单元都必须有小结，同时每个课程都有一个课程总结。所以有几个单元就有几个小结，有几个课程就有几个课程总结。

在金字塔结构中，层级应该尽量多还是少呢？注意，在控制每一级模块数量（一般不超过3个）的前提下，层级应尽量少。这样的结构有利于学员记忆和梳理课堂内容。

二）常见的四种课程内容结构

金字塔结构解决了课程的呈现框架问题，那么怎么往这个框架中加入内容呢？可以使用四种常用的内容结构：

1. 黄金三问

就是2W1H，即Why、What、How（见图4-10）。Why是指：为什么要讲这门课程？它的重要意义和价值在哪里？What即课程内容，How是操作步骤和技巧，最后做课程的总结和回顾，并布置相应的练习（这两部分适用于所有结构）。设计技能类的课程时，可以直接套用黄金三问。

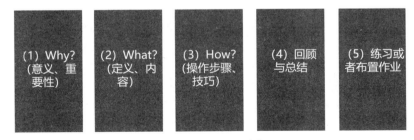

图4-10　2W1H 结构

2. 问题分析与解决

即问题—分析—解决三步走（见图4-11）。第一步，阐述引发困惑的问题；第二步，分析一下该问题的原因是什么；最后给出相应的解决方案；第三步，做课程的总结和回顾，并布置相应的练习。注意，问题分析解决结构往往适用于中层管理者课程。

图 4-11　问题分析与解决

3. 工作任务

适用于技能类课程（见图4-12）。第一步，举例说明该项技能的工作场景是什么；第二步，讲解工作的流程和操作步骤；第三步，工作的方法和注意事项。最后做课程的总结和回顾，并布置相应的练习。

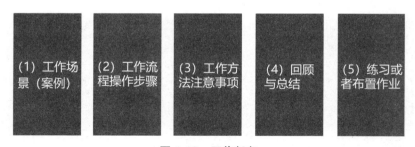

图 4-12　工作任务

4. 知识/制度

适用于知识类课程（见图4-13）。之所以放在最后，是因为笔者以前做课程开发的时候，知识类线下课程的需求量很大，但是随着互联网技术的发展，尤其随着5G时代的到来，知识类的课程被越来越多的企业、培训部门转换成了微课。所以对于知识类课程，三度、四度、五度开发的需求越来越小了，只有部分企业依然用知识类线下课程。

图4-13 知识/制度

第一步，学习知识的重要性，即为什么要学这个知识？如果没有学会怎么样？例如：为什么要学企业的规章制度？没有学规章制度，会对新员工带来什么样的影响？第二步，对每个知识点进行阐述，包括它的背景、定义、分类、特点、作用，在重点部分，最好结合相应的案例进行展开。第三步，关于知识点或者知识要素，还有哪些注意的事项和原则，或者这些知识点应用场景在哪里？第四步是课程回顾与总结。第五步，开展知识类的课程，必须通过练习来检验学员的课程内容掌握程度。

五、撰写大纲

一）课程大纲和课程目标的关系

课程大纲是解决课程需求的知识模型，大纲也被称为标题文学，要求培训师有较好的文字表达能力。课程大纲必须紧扣课程目标，反过来讲，课程目标也必须全部体现在课程大纲里，否则课程体系就不完善。课程目标里没有的内容，课程大纲里也不可以有，否则就是偏离课题。

每一个课程大纲在系列课程中只解决一个方面的问题，不可兼顾其他。例如服务礼仪课程中的"服务微笑技巧训练"就只针对服务微笑技巧进行训练，至于面部的化妆、服装的发型等内容，虽然也属于服务礼仪范畴，但是不能由这个大纲来解决。

有时候课程时间短，需求方又希望课程重点解决某个问题，同时顺带解决其他几个小问题，这种要求就属于不合理要求。为满足需求方，很多培训师往往在一个既定的大纲基础上增加本不属于大纲的内容，将原本很好的课程变成了学术性不强、理论性不强或者没有实在内容的课程。所以笔者建议每一位培训师在课程开发的过程中，注意要让每个大纲都要有鲜明的课程主题，有明确的授课目标和对应的解决问题的方法。

二）一级大纲表的撰写技巧

首先看一个一级大纲表（俗称一号表，见表4-3）的范例，这个范例在线下工作坊经常用到。一号表里面会包括五个方面内容：

表 4-3　一级大纲表

课程名称：互联网在线课程开发四部曲 课程时间：2 小时	开发人：周锦弘
目标学员： 线上课程开发人员	
课程介绍：（产生背景 / 起源） 线上课程开发人员（目标学员）在开发线上课程（工作场景）过程中存在以下问题 / 痛点（现象）： • 不了解如何选题目（否定句） • 不知如何组织课程内容 • 打磨课程技巧欠缺 为了改善上述问题，专门开发了一门提升课程开发人员线上课程开发能力（ABCD）的课程。	
课程目标：（教学价值，ABCD） 学员通过本次课程学习，可以简单运用线上课程开发的步骤、方法及技巧，开发课件达到二度开发标准。	
课程大纲：（知识模型） 一、线上课程开发的重要性（Why） 二、线上课程开发的内容（What） 三、线上课程开发四部曲（How） 四、课程回顾与总结（虚拟大纲）	
备注：	

1. 课程的基本信息

包括课程名称、时间、课程开发人。

2. 目标学员

这里需要注意的是，不要写所有岗位的人员，而要写特定专业岗位的特定层级的人，越聚焦越好。例如：××岗位的初级技术人员。当然，这里也有一些特例，比如开发通用类课程时就可以填写所有岗位的人员。

3. 课程介绍

课程介绍指这门课程产生的背景和起源。

笔者用了两种线标注不同内容，横线内容原封不动，波浪线内容需要相应元素代替："线上课程开发人员"用你开发的课程的目标学员进行替代，"开发线上课程"需要用对应的工作场景、工作任务替代。三个方面的问题也都是波浪线，用什么来替代呢？我们之前用过一个工具表单，叫作课程立项说明书，包含学员在这个领域中经常遇到的问题，放入一号表中即可。最后"提升课程开发人员线上课程开发能力"也要用标题的核心内容做相应的替换。

4. 课程目标

它代表了课程的教学价值，直接套用ABCD法就可以。

5. 课程大纲

课程大纲代表的是知识模型，在范例中，可以看到"线上课程开发的重要性""线上课程开发的内容""线上课程开发四部曲"，×××的重要性叫Why，也就是为什么要讲这门课程。×××的内容叫What，就是具体内容有哪些。×××的四部曲，×××的三大技巧叫How。这是不是很眼熟？在前面的内容是不是讲过？这是课程结构的第1个模型2W1H（黄金三问），适用于开发技能类课程。

这里面有一个小问题，开发2小时以内的课程时都建议列3个大纲标题。上述案例却列了4个大纲标题，这是为什么？

因为课程大纲分为两大类：执行大纲和虚拟大纲。执行大纲有具体内容，而"课程回顾与总结"其实是虚拟大纲，没有具体内容。

三）二级大纲撰写技巧

二级大纲也叫二号表，要把一号表里每一个大标题的内容进行详拆（见表4-4）。

大家来看一下二号表，其实是对一号表的课程大纲部分做了相应的拆解。注意，在每个单元最后都有小结，不能省略。

表 4-4　二级大纲表

课程名称：互联网在线课程开发四部曲 课程时间：2 小时	开发人：周锦弘

一、线上课程开发的重要性
（一）教育培训的发展历程
（二）互联网时代知识付费的兴起
（三）碎片化学习对个人成长的影响
（四）小结
二、线上课程开发的内容
（一）线上课程的展现形式：音频、视频、直播
（二）课程内容的展现手法：讲授、访谈、杂谈
（三）线上课程优势与劣势对比
（四）小结
三、线上课程开发四部曲
（一）选题策划
（二）内容组织
（三）课程制作
（四）课程打磨
（五）小结
四、课程回顾与总结

课程重点：

六、案例开发

撰写完课程大纲，课程的框架就搭建完毕，相当于房子的基本结构就有了，接下来要填入内容。内容中有一个很重要的部分——案例。不得不说，现在的课程开发越来越离不开案例开发。原因很简单，通过案例开发，学员能够快速理解工作场景和情境，案例开发在金融、地产、互联网等行业的课程中被尤其重视。本节重点介绍案例开发的技巧。

一）案例开发的原则及注意事项

案例开发遵循以下原则：

- 能够证明观点，案例和观点一定是有联系并能够证明这个观点的。
- 具有典型性，而不是有太多的个性。
- 具有可靠性，经得起推敲，不存在争议和漏洞。
- 具有吸引性，与时俱进，具有时代感。

在选择案例的过程中有两个注意事项：

- 并不是每件事情都可以作为案例，必须有典型性。
- 案例并不是原生态的，需要合理的加工，要来自生活也高于生活。

所以在选案例的过程中，要对案例进行加工和修改。

二）SCQA模型

这里介绍一个案例编写的常用模型——SCQA模型。

SCQA是4个元素的缩写：S代表situation，即情境，案例需要一个大家熟悉的情境；C代表confliction，即冲突，比如实际情况跟原计划有冲突；Q代表question，即疑问；最后一个answer，就是要给出解决方案。

例如，2017年笔者给一家银行做案例开发，当时有个学员结合SCQA模型举例子：周六早晨8：30，银行网点刚刚开门，从营业大厅外面走进来一位40多岁的中年妇女，她急匆匆地来到柜台前，跟柜台的银行柜员要当场取现6万块钱。

各位注意一个常识：按银行的规定，如果取5万以上的大额现金的话，没有事先进行电话预约是取不出来的。但是这位女士却一定要在银行网点取。那么问题来了，如果你是银行柜员，你怎么去处理冲突？

这位学员就写了相应的答案：

第一个解决方式：柜员让客户拿着储蓄卡在ATM机取1万块钱，柜台取5万，问题解决！

第二个解决方式：柜员向自己的领导申请，如果银行网点当天的现金储备充足的话，也可以直接给这位客户取现6万块钱。

在这个案例中是不是有情境？情境是什么？有时间、地点、人物和事件起因，对不对？有没有冲突？当然是有冲突的，因为中年妇女要取6万块钱，但是按照银行的规定是取不出来的，这就是冲突，问题是什么？如果你是银行柜员，你怎么去处理呢？最后有没有解决方案？当然是有的，所以这就是一个很简单的SCQA模型的案例。

在课程中，案例该怎么去写呢？这里有张案例编写表，首先有几个基本项要填：编号、页码、名称、参与人物、时间、地点。按照三度开发的标准，需要写1~2个案例，所以编号一般是001或002。

下面这个案例（见表4-5）是笔者给另外一家银行做的案例，你在看的过程中，请记录并标记这几个元素：时间、地点、人物，事件的起因是什么，人物之间的冲突是什么，结果是什么，人物的问题是什么？

表4-5　案例示例

编号	001	页码	PPT 第 16 页
案例事件名称		如何做好贷前外围调查	
参与人物		客户王三顺，客户李二牛，客户经理严谨、细心	
时间	2017 年 5 月 12 日	地点	某支行信贷办公室

续表

案例事件过程（注意要写清背景、冲突、选择）
2017 年 5 月 12 日，客户王三顺在柜台取款 6 万元后，来到信贷办公室对客户经理严谨说："最近收的中药材不少，资金有点紧，想贷 10 万元收购药材"。 　　下午客户经理严谨、细心来找客户王三顺做贷前调查。王三顺领两名客户经理来到仓库，实地查看了存满药材的仓库，客户经理按照王三顺提供的收购记录，经过详细核查，库存药材约值 10 万多元。同时，王三顺向客户经理出具了他的存折，余额 5 万多元，并告诉严谨和细心："最近药材行情不错，他准备大量收购，急需贷款。" 　　离开王三顺后，客户经理严谨、细心准备对当地的药材收购市场做个了解。他们来到药材市场，通过与多家药材收购商的交谈，得知最近一段时间当地的药材市场行情确实很好，价格上涨。并且进一步了解到最近有一个叫李二牛的外地客商来当地大量收购药材。同时，在与众多收购商沟通中发现，没有人认识王三顺。 　　他们在与王三顺的邻居沟通时了解到，王三顺正是李二牛在当地收购药材的委托人，而且王三顺前几天因赌博和妻子吵架。 　　几经周折后严谨终于与李二牛取得了联系，在电话中李二牛告诉严谨，他让王三顺在周边收购药材，并给王三顺预付了 20 万元，让王三顺按照他的标准收购药材，他按收购量给王三顺计算报酬。 　　第二天，王三顺找到严谨要求办理贷款。严谨告诉王三顺，不能给王三顺发放贷款。但王三顺认为自己收购药材属正常资金需求，仓库有收购的药材可以证明自己的资金实力和收购能力，可以取得贷款，结果却被拒绝。

案例结果	客户经理严谨、细心拒绝给王三顺发放贷款。
研讨问题	客户经理严谨、细心有哪些经验值得你学习？

案例的点评（最终答案）

答案：

　　一）贷前调查需要多角度、多层次了解客户情况

　　在对客户基本情况调查的基础上，要从关系外围入手，掌握客户情况，从其从事行业入手，把握客户经营风险状况。

　　二）看到的不一定真实，要进一步确认

　　在调查过程中，对客户提供的基本信息要逐条核查、确认，特别是对贷款的真实用途要清楚掌握。

　　三）工作做到位、做扎实

　　首先时间是2017年5月12号；人物是王三顺和李二牛、严谨和细心；地点其实有好几个：第1个是信贷办公室，第2个是仓库，还有药材市场等；事件起因是王三顺想贷10万元；这里面其实有很多冲突，第1个冲突是客户经理向收购商了解情况时，发现其实没有人认识王三顺这个人，

第2个冲突是王三顺因为赌博和妻子吵架，第3个冲突是收购商为药材预付了20万，就是说他已经按收购量给王三顺计算过成本、报酬了，但王三顺仍要贷款；结果是银行拒绝放贷。

你可以看见整个案例的来龙去脉，有时间、地点、起因、经过和结果，最后设计一个问题，然后再设计这个问题的答案，这些就是写案例的步骤。

1．直接引用：你可以去找一些相应的资料，例如公司公布的资料、专业的杂志，直接进行引用就可以，当然引用的案例跟你所讲的课题一定要高度相关。

2．改编：案例中的一些角色情节可以做适当的改变，正所谓以假秀真。

3．自编：借鉴自己听说的、身边人的、自己经历的案例，根据需求来进行案例撰写。案例加工过程中需要注意，一定要紧扣主题、具有合理性、有具体含义和新意。同时在加工过程中，一定要提炼案例，从个性化变到普遍化，由假到真。

有些读者说自己的案例比较复杂，而且跨的时间非常长，前后相隔两年甚至三年，这种案例不能用SCQA模型，要用更为复杂的案例模型进行编写。SCQA模型更适合一些时间周期不是很长的案例，这是需要注意的地方。

七、课件制作

具体制作技巧就不详细分享了，只简单介绍以下六个注意事项：

1．字不如表，表不如图。笔者发现，很多初级培训师喜欢在PPT课件里堆上大段文字，你会发现从视觉角度来讲，它缺少美感，也不直观。

2．字体、字号要规范。这里建议所有的字体都使用免费商用字体，比如思源黑体、思源宋体等。微软雅黑、等线这类字体的使用涉及版权，开发课程时不推荐使用。标题字号在36磅左右，内容字号为20~28磅。

3. 重点文字进行标红加粗，然后放大。

4. PPT课件外观页面比例，一定要检查。现在的课程都是宽屏的，建议用16：9，而非4：3的比例。

5. 使用统一的模板，风格一定要统一，每张PPT的颜色不能超过三种（个别课程，如SMART原则的PPT课件可以用多种颜色）。

6. 注意留白。不能满屏都是内容，一定要有留白。

这就是PPT制作的六大注意事项。

除了注意事项，PPT课件还要符合特定的结构布局（见图4-14）。

PPT两大类：30P
规定PPT：封面（题目、主讲）、课程目标（ABCD）、目录、第一大纲标题、第一大纲小结、第二大纲标题、第二大纲小结、第三大纲标题、第三大纲小结、课程回顾与总结（10P）

内容PPT：文字、图片、案例、视频（20P）

图 4-14 课件结构布局

首先，要把每个PPT课件分为两大部分：规定PPT和内容PPT。

按照三度课程开发标准，规定PPT是PPT课件中必须出现的部分。规定PPT的第1页一般是封面，包含两个元素：主题和作者名，第2页是课程目标，第3页是课程目录。

做完总体部分后，开始做每一页的大纲，大纲标题都为单独的一页。每个大纲写完之后就开始写小结，用自己语言写2~3句话即可，也可以用口号代替，注意一定要有小结和总结。

这样算下来，规定PPT就有10页。如果按照三度开发要求，PPT课件要有30页，除去规定PPT，剩下来的20页就是你的内容PPT了。

请看图4-15，每一页内容PPT呈现的都是课程具体内容。例如第一大纲的内容页（第5~10页），每页上面的标题不变，下面的小标题和文字内容随着课程进展而同步改变。

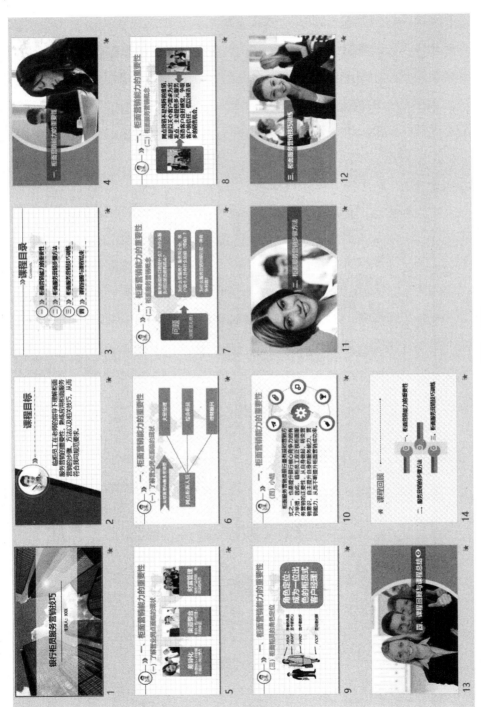

图 4-15　课件示例图

在设计内容页的过程中要注意，文字比例不宜过多，可以配一些图案并排版，以起到美观作用。另外，在引用图片的时候要引用不侵权的图片。

第三节　三度教学活动设计

对于培训师而言，光有课程内容还不行，还要把内容讲得有趣、有效，这就需要好的教学设计思路。有句话说得好："好课程一定是设计出来的。"开场怎么开、内容怎么组织、结尾怎么总结，这些都有一定的结构模式。在课程内容中，每个知识点都需要有相应的教学设计，如何设计这些，是每一个培训师需要思考的问题。本节将从三个方面进行介绍：双互动模型、库伯经验学习图、其他常用教学方法。

一）双互动模型

见图4-16，又名"双主体互动模型"。这个模型里面有两种模式——主导模式、主体模式，这两种模式又各自分了很多种教学方式。你觉得哪种方式的学习效果最好，哪种方式效果最差呢？

从图中可以看出，"听讲"的学员参与度最低，而"教他人、立即使用"的学员参与度最高。培训师在教学活动设计过程中，通常要采用主体模式，要让学员多讨论、多实践，多让学员教他人，少用听讲、阅读和视听的方式。在大学课堂上，老师大多数都用主导模式，也就是老师在讲台上讲，学员被动的听，这种教学模式是不适用于成人教育的。在一门课程中，老师不仅仅要向学员传授知识，更需要通过各种教学活动，让学员不断参与进课程中，以改善知识传递的效果。

好的教学设计思路，一定是以主体模式而非主导模式为主。培训师要树立这样的理念：在规定的时间内，既要有自上而下的内容教授，同时要有自下而上的训练，要做交互式的教学设计。

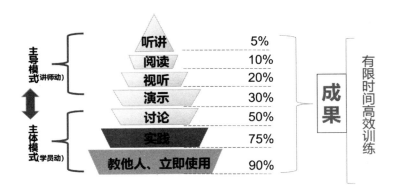

图 4-16　双互动模型图

二）库伯经验学习圈

现在的课程大多以体验式教学为主，讲到体验式教学，就不得不讲库伯经验学习圈（详见第二章第二节）。库伯经验学习圈强调以学员直接进行体验的方式来实现课程内容传递。库伯自1967年就开始研究人的学习习惯，并于1984年出版了《体验学习》一书，他的这本书把学习分成两大维度：感知维度和行动维度。

这个理论对教学设计也有很大的启示。

在传统的企业授课中，很多老师开场直接给学员抛答案，根本不让学员思考，导致学员丧失了思考的空间和时间，这种填鸭式的授课方式最终影响课程质量。所以现在的教学，老师不能直接抛答案，而是让学员通过启发式的学习，获得相应的体验，并进行思考。例如最近培训圈比较火的乐高、沙盘模拟等体验式教学，这些学习活动中学员参与的积极程度都非常高。

在线下工作坊中会设大量的体验式教学。在线下工作坊中，无论培训师采用案例教学、讲故事教学还是体验式教学，学员都能有自身的体验，而这种体验能够加深学员的智力记忆、肌肉记忆和潜意识记忆。

三）其他常用教学活动

讲故事是种常用方式，你会发现马云特别喜欢讲故事，这是教学活动的一种重要方式。

除了讲故事，比较常用的方式还有角色扮演，角色扮演就是：在课程中，让学员假设自己是另外一种身份，在切换身份的同时，也转换到另外一个场景，来体验对事件或情景的感受和反应，以获得相应的反馈。具体的形式，有心理剧、团队角色扮演等。

视频教学也很常用，即通过视频来展现案例。

还有些设计方式经常用于课程，比如实验室培训、OJT（在职培训）、现场模拟、自学、O2O（线上线下结合学习）等等，类型很多，在这里就不一一介绍了（见表4-6）。

表4-6 常见的教学活动策略及其优缺点

教学活动	优点	缺点
讲授（K）	快速；高效；容易掌控	缺乏参与性；很难判断学员学习是否发生
辩论（K，A）	较好的帮助改变态度的方法；话题选择性较广，角色代入感强	选择参与者很关键；对学员思辨要求较高；输出成果不确定
小组讨论（K，S，A）	容易协调；需要的道具或辅助材料少	要仔细选择问题；提前设置讨论规则；很难平衡每位学员参与度
全体讨论（K，A）	增加了引导师角色；与工作岗位的知识相关	对引导师要求较高，讨论时间与讨论深度较难平衡
案例研究（K，S，A）	涉及所有的课程分类；内容贴近工作场景	花费时间较长；产生的结论可能不准确

教学活动	优点	缺点
角色扮演（S，A）	很好的实践机会，学员体验感强	可能会使得一些人不舒服；需要很长时间进行
示范与练习（K，S）	提供独特的真实体验，手把手教学，让学员快速领会关键技巧	培训师必须实践；很难让每一位学员都看到
项目研究/行动学习（K）	课堂上引导师保持中立参与；课程后学员用空闲时间完成训后任务，强化落地性	课堂上限制互动，当有需要的时候无法回答问题
实地考察（K）	看到真实的场景和内容；有机会询问工作人员	费时；别人的经验可能无法复制学习
游戏模拟（S，A）	趣味性强；学员参与度高；在不同的场景下提供练习	需要提前准备道具；也许很费时
结构化导师制（K,S，A）	高度参与性；当涉及态度问题以及需要自我发现时是比较好的方法	对导师要求较高，导师必须要具有良好的辅导和反馈能力；耗时；如果师徒关系不融洽会极大影响效果
实训练习（S）	通过实践的方式获得经验；有益于学习的迁移	如果在场有很多位不同的专家，会提供不同意见，想法难以统一

概括地讲，教学设计会让你的课程更加的精彩，而不仅仅是枯燥无味的授课。

现在请做一个练习，打开一份自己的二级大纲表（二号表），在每个大纲旁边写上相应的教学活动，每个大纲至少写5个教学活动，那么3个大纲就是15个教学活动。

教学方法的使用过程中，一定要注意：所有的教学活动围绕着你的课程目标和主题展开。

在这里笔者发现有很多的培训师，尤其是新入职的一些培训师，他们很喜欢用游戏，游戏这个教学活动虽然很好，但是你会发现，如果说你的分享时间一共只有1小时或者2小时，用游戏做开场就会占据过多的整体授课时间，游戏结束后再去讲课，时间就来不及了。所以这里做个提醒，游戏仅可作为备选项，而不是主要教学活动。也希望读者在课程中可以妥善使用上述方法或者工具。

第四节　简版讲师手册制作

现在越来越多的企业都非常注重培训师的经验传承。培训师不仅仅要会开发课件，也需要把这个课件交给别人来讲，让别人拿到这个课件也能讲出同样的效果。

企业做课程开发工作坊的时候，笔者建议三人为一小组，为什么是三人一组，而不是一人一课题呢？原因也很简单：三人小组中有一个主培训师，还有两个辅培训师。在后期工作中，如果其中一人调岗或变动，另外两个开发者能够接上这门课程的内容，不至于让课程浪费。

内容备注栏怎么写呢？可以参考示例（见图4-17），通过以下4个维度撰写：

1. 教学时长：这一页的建议教学时长是多少？如果是2小时25张PPT，每一页PPT的平均时长就是4~5分钟。

2. 教学步骤：在这页PPT的教学中会用哪些教学步骤？例如播放PPT动画、提问、讲故事等，这些都要标注清楚。

3. 参考话术：教学不是干巴巴的读知识点，培训师需要用自己的话术把课程演绎出来。这些话术对别的培训师很具参考意义。例如在示例中，标题是"银行会员服务营销技巧"，那么开场第一句话是什么？可以参考这个："各位朋友大家好，我是×××，欢迎大家参加本次培训课程，相信大家已经非常清楚本次课程的学习课题。请各位在学员手册的空白处，写下本次课程中你最期望解决的三个问题，或者想了解的三大内容。时间是1分钟，现在开始。"这就是具体的话术，要把它都写下来。

4. 过渡句：你的每一页PPT如何过渡到下一页PPT？这些都需要做进一步确认并记录在备注栏里。

图4-17　课件备注栏示例

在做简版讲师手册的过程中，你要清楚重点是什么。很多课程的第三部分比较重要，如果课程是2W1H结构，在How部分要多写一点。而像每个大纲的过渡页可以少写一点。对时间和内容的把控，需要你自己做进一步的分析。

课程验收

　　课程做好了，你需要掌握课程验收的具体工具和方法，从而让你的课程能够做自我迭代、通过专家的评审得到相应的优化。本节将从2个方面进行分享。

一、课程验收的维度

　　把课程、讲师手册、学员手册、测试题等全部做出来之后，其实课程并不算全部完成，还要进行最后一步的课程验收。这个课程到底合不合格，要通过课程验收来判断。

　　验收一共有三个大的维度：

1. 绩效评估

　　教学评估一般使用柯氏四级分类，其中第四级评估是绩效评估，即课程开发内容能否支持绩效。

2. 课程参数

　　课程是否达到了对应的开发标准？例如你开发的是三度课程，那么你的课程是否达到了三度开发的6个层面的标准？例如，教学活动部分有没有设计15分钟的互动？有没有设计2~3个案例？这些都要一一检查。

3. 课程逻辑

　　课程是否具有逻辑性？大纲之间、内容之间是否做到相互独立、完全穷尽？

二、验收的标准

读者可以用"课程开发评审标准"来为自己的课程打分（见表 4-7）。

表 4-7　课程开发评审标准表

课程开发评审标准

课程开发师：　　　　　　　　　　　　　评估人：

一级指标	二级指标	指标说明	评分（减分制）
课程规范 （10分）	材料完整（5分）	➢ 包含课程大纲、PPT课件、案例等	
	课程规范（5分）	➢ 符合五度课程开发标准	
课程设计 （75分）	学员对象（5分）	➢ 教学目标有明确的针对岗位、人员及特定的应用场景	
	选题（5分）	➢ 所选主题有吸引力、紧紧围绕一个主要知识（技能点或主要问题）	
	学习目标（10分）	➢ 学习目标与实际工作相关，作为岗位工作的一部分；建议目标的制定符合布鲁姆的认知六个层级	
	学习内容（25分）	➢ 教学内容适当、准确，无科学性或政策性错误；课程内容来自于岗位典型工作任务；内容的深度与广度与学习目标相关联 ➢ 课程中引用了明确的通用理论知识，课程总体内容建立在此基础上 ➢ 课程中包含课程开发人员总结的模型、流程等环节	
	教学方法（20分）	➢ 教学顺序、教学活动安排、媒体的选择等适合确定的教学目标、教学内容和学员特征 ➢ 课程中包括操作指引的演示、练习和研讨环节	
	案例呈现（10分）	➢ 导入简短顺畅，能有效激发学习动机；案例呈现具有启发性、指导性 ➢ 每一个重要的流程、概念或原理被提出后，均用案例来测试、强化学员对它的理解	
教学材料 （15分）	训前材料（5分）	➢ 课前需求调研问卷的编制易理解 ➢ 课程计划/大纲简洁、清晰	
	训中材料（5分）	➢ 课件内容完整，结构清晰，与教学相辅相成。PPT图文相符、专业性强、色彩鲜明但不花哨、版面构图合理。 ➢ 散页材料内容符合课程目标的需求 ➢ 讲师手册要有简易版和完整版	
	训后材料（5分）	➢ 训后测试题能够全面评估课堂重点内容 ➢ 行动计划方案具备可操作性	
总分			

从表格里可以看到三个一级指标和细分的二级指标，如果你需要做课程评审，无论是自我评审还是专家评审，都可以通过这张表单完成。

1. 课程规范

课程规范主要看课程的材料是否完整，课程是否达到相应的标准，如果没有达到就必须要减去相应的分数。

2. 课程设计

这也是重点所在。你可以看到，分析的维度非常细，学习对象、选题、学习目标、学习内容，还有教学方法、案例呈现这些维度都要一一打分。例如学习内容中，你要反思：这个内容是不是来自岗位的典型工作任务？它有没有深度和广度？有没有跟学习目标相关联？课程中是否引用了明确的通用理论知识？课程总体是不是建立在这些知识的基础上的？

再比如教学方法，主要是看有没有教学活动、教学活动是不是设计合理。具体原则，你可以回到上一节"教学活动设计"复习一下。

3. 教学材料

按照训前、训中和训后排序。训前有没有需求调查问卷，课题立项说明书是否写好？训中材料（散页、讲师手册、PPT课件、学员手册）是否合乎标准？训后是不是有相应的测试题和行动方案？

评审标准表的满分是100分，至少要达到80分以上才算是合格，如果没有达到80分，对不起，那么你有很多内容要进行修改和迭代。

1. 判断题

1956 年，布鲁姆召集了一个教育工作者委员会，该委员会认为学习目标分为三个重要领域，分别是认知领域、动作技能领域、情感领域。（   ）

2. 选择题（多选）

常见的课程结构有（   ）。

A. 工作任务

B. 2W1H

C. 经验复盘

D. 问题分析与解决

E. 知识制度

3. 配对题

	每个大纲标题
	案例
	课程回顾与总结
规定 PPT	封面
	视频
	目录
内容 PPT	文字
	每个大纲小结
	图片
	课程目标

4. 填空题

自然学习四循环研究学员走进教室时到底关心什么问题。这四个问题分别是：（　　）、What、How 和（　　）。

5. 简答题

三度课程开发主要步骤有哪些？

（答案在下一章的回顾练习后。）

第三章 回顾练习答案

1. 错

2. BDF

3.

配对题	培训师把陈述句设置成单选题或者多选题，先让学员选答案，然后培训师公布正确答案，并对各个选项逐一进行讲解。
判断题	培训师把关键知识点的陈述句设置成配对题，让学员连线找出答案，培训师再公布正确答案并进行分析。
简答题	培训师把陈述句设置成判断题，学员直接在文档或纸张上打对错，也可以在聊天框中输入 T/F 或 Y/N，然后培训师逐一公布答案并进行讲解。
选择题	培训师把语句的部分词语隐去，培训师先请学员把这些词语分别填进这些语句里，然后公布正确答案并进行讲解。
填空题	培训师把要讲解的内容设计成问题，先让学员根据问题进行思考，并连麦分享或者把答案写在聊天框中，然后再公布正确答案并进行讲解。

4. 中场活动；结尾活动

5. 一、定义主题；二、明确目标；三、搭建框架；四、素材整理。

第五章

四度面授课程开发

第一节 内容深度开发（小节开发）

相对于三度课程开发，四度课程开发需要对内容进行更深的挖掘，这就要用到小节开发。小节开发就是对课程的小节、细节和微细节内容的开发。小节开发的标准是每一大纲能延伸出10~30倍的课程知识点。

一、小节内容的选取方法

1. 学员需求应对法

确保每个内容都是根据学员需求而生，并且小节内容直指解决学员需求所用到的方法、流程、标准。该方法是所有培训师在进行小节开发的首选方法。

2. 原生知识借用法

借用已有的原生知识作为小节内容的母本，有利于搭建整体架构和加快知识积累的进程。

3. 企业知识转化法

将外部学习的先进知识和方法内化为本企业的知识和方法，或将本企业资深员工、专家的经验进行提炼，并转化成课程材料得以固化知识传承。

4. 书籍资料参考法

查阅相关书籍、资料中的学术理论和成熟观点，提升课程的理论学术性、实战权威性和系统性。

5. 移花接木妙用法

将经典故事、时尚元素与主体内容巧妙结合、改装，然后应用到课程素材中，以提升课程的艺术性，激发学员兴趣。课程中的不重要内容建议使用该方法。

二、小节内容的设计、安排

将小节内容生成并按知识类内容、技能类内容进行区分后，培训师要依据授课对象、课程时间、课程呈现形式对内容进行设计、安排。

1. 知识类内容

如果是重点内容，要采用讲解、提问、举例、考试等方法；如果是非重点内容，只需采用简单讲解、学员读幻灯片、集体朗读等方法。

2. 技能类内容

凡技能类内容一定要做好训练计划，安排纠偏环节。课程目标可以设定为当下做到、可以运用，再由学员在往后的学习、训练和工作中习惯性地做好。

三、小节内容的开发表

根据二级大纲内容开发具体小节内容，参考表5-1进行开发。

表 5-1 课程小节深度研发表

课程名称：_____	开发人：_____
课程时间：（ ）分钟	
课程大纲： 关键小节：	时间：（ ）分钟 位置：第（ ）模块第（ ）小节

配置的三种以上授课技巧：_____

续表

关键小节：	位置：第（　）模块第（　）小节

配置的三种以上授课技巧： ＿＿＿＿＿＿＿＿＿＿

关键小节：	位置：第（　）模块第（　）小节

配置的三种以上授课技巧： ＿＿＿＿＿＿＿＿＿＿

关键小节：	位置：第（　）模块第（　）小节

配置的三种以上授课技巧： ＿＿＿＿＿＿＿＿＿＿

本大纲最重要内容备注与记录：

第二节　四度教学活动设计

一、教学心电图

借助教学心电图，培训师可以更好地设计教学活动，从而在课堂上刺激学员所有感官，促使学员记住相关内容。什么是好的教学活动设计？有没有一种评判教学活动设计质量的标准？用课程心电图就可以完成对教学活动设计质量的判断。

首先，我们把学习行为的刺激度由低到高分成1~10的十个等级。

根据刺激度，学习行为可分为三类：记忆型的学习行为、理解型的学习行为、应用型的学习行为。

记忆型的学习行为，刺激度分别是1~3：

刺激度1——阅读。

刺激度2——听讲、观看。

刺激度3——记忆。如让一个学员给另一个学员重复讲解一个知识点，或者让学员画出一个知识点的要点图谱。

理解型的学习行为，刺激度分别是4~7：

刺激度4——测试。

刺激度5——分享。如老师提问，让学员回答。

刺激度6——比较。让学员比较某个知识点区别，如老师播放一段操作机台的视频，让学员挑错。

刺激度7——案例分析。给出一个案例故事并提出问题，让学员分析回答。

应用型的学习行为，刺激度分别是8~10：

刺激度8——互教演示。学员演示、重复知识点内容。

刺激度9——模拟练习。学员在模拟的情境中完成任务，如角色扮演等。

刺激度10——实践练习。学员在真实的情境中完成任务，如让学员操作机台，在简课中开发自己的课程等。

好的教学活动设计应该满足以下条件：

1. 主动学习

学员的刺激度等级为3级以上的学习活动时间占比超过70%。

2. 刺激的变化

学员对于一个知识点的学习行为刺激度应该是波动的，从心电图上看，应该呈现为一个波动的柱状图。

3. 符合高点赋能的教学曲线

心电图的曲线应该有且仅有一个高点，高点左侧的活动称之为赋能活动，右侧的活动称之为强化活动。赋能活动应该缓，应该有一些台阶逐步通向高点。强化活动应该有，最好呈现缓降的特征。过于陡峭的心电图往往会导致学习困难。

下图就是培训师在课程中经常会用到的教学心电图（见图5-1），顾名思义，它像医学心电图一样有高低起伏。

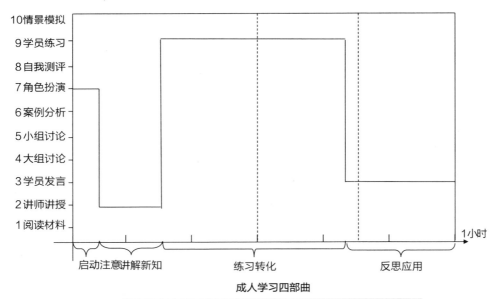

教学法	角色扮演	讲授	学员练习	学员发言	总用时
时间	5	10	28	17	60

图5-1　教学心电图

它的纵轴是不同学习行为，从阅读到情景的模拟，刺激度依次为1~10。案例分析、角色扮演、自我测试、学员练习、情景模拟的刺激度很高，这些方式要在课程教学中多运用。横轴是时间轴，在设计课程的时候，一般是用1小时为上限。

也许你会问，心电图为什么要有波峰波谷，而不是一直保持在高处呢？试想如果你参加的课程始终让你角色扮演练习、做情景模拟，虽然当时你的感受很好，但你有自己的思考吗？有自己的感悟吗？这就是"当场激动，回去一动不动"的状况，这就是做完教学活动为何让学员反思、发言、总结的原因。

举一个具体的案例："工厂现场管理之5S管理"的教学活动设计方案（见图5-2）。

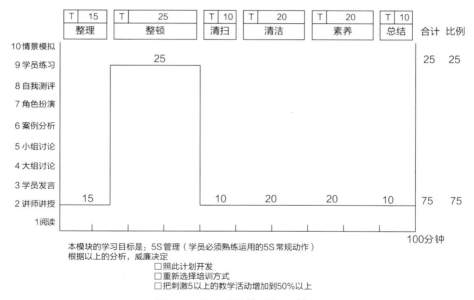

图5-2　工厂现场管理之5S管理

你可以看到，这个教学活动设计方案是按照100分钟来进行设计的，包含五个内容模块及总结，你可以看到整理、清扫、清洁、素养、总结的教学方式都是培训师讲授，刺激度是2。只有在整顿部分采用了学员练习的方式，总用时25分钟。但是你会发现，在整个100分钟的教学过程中，用于学员练习的时间少之又少，而5S管理是更偏向技能类的课程，而不是理论为主的课程，这样的教学设计显然是不合理的。

教学心电图下方有三个选项，选项1是照此计划开发，选项2是重新选择培训方式，选项3是把刺激度5以上的教学活动增加到50%以上。如果你是培训师威廉，你要选择哪种处理方式？

结合本节内容，笔者相信你不难选出选项3。

二、教学五线谱

教学心电图让你的教学活动有一个合理的比例与分布，但这样还不够，你需要对教学活动的具体内容、教学时间、使用到的教学工具都有个规划。如何具体设计一个教学模型呢？笔者推荐一个工具——教学五线谱。

什么是教学五线谱？所谓的"五线"是时间线、内容线、活动线、情绪线和工具线，即教学活动设计的五个维度。举一个例子，开场你用角色扮演，这只是个教学活动，你用角色扮演让学员体验什么内容？用了哪些道具？所需要的时间多少？角色扮演对学员的情绪影响是？这些你全部都要用表格罗列出来（见表5-2）。

表 5-2　教学五线谱

时间线	内容线	活动线	情绪线	工具线
9:00-9:30	1. 开场白 2. 介绍：自己、培训主要内容、收益、授课形式 3. 破冰 4. 分组	1. 设计有趣的开场白 2. 破冰小游戏 3. 获奖感言 4. 公布分组规则及加分规则	引起兴趣 积极主动 团队意识 团队学习	九宫格 玩具娃娃

续表

时间线	内容线	活动线	情绪线	工具线
9:30-10:30	角色定位 1. 组织能力三角架（说明培训的作用） 2. 责任与使命 3. 意义 4. 三重角色 5. 选拔要求 6. 五大条件 7. 三大现状 8. 五大忠告	斯特恩视频讲授，举例组内分享	共鸣反思	印象最深的一句话、一个词、一个观点是什么？
10:30-10:45	休息	音乐	放松	
10:45-12:00	展现魅力 1. 55，38，7 说明形体重要性 2. 身心准备：身体健康，马粪心态，精气神 3. 如何看起来更自信 4. 如何减轻紧张情绪 5. 发声、肢体、眼神、表情、亲和力	讲授、演练	积极参与	1. 精气神 2. 紧张说明是正常的活人 3. 腹式呼吸演练 4. 诗歌演练 5. 表情演练
12:00-13:30	休息	午餐	补充体力	

1. 时间线

什么是时间线呢？简单地说就是在课程时间推进的过程中，你要注明每个模块或每节课占用的时间段，模块时间的分配会直接影响授课的实际效果。在设计和掌控时间线的时候，应该注意三个问题：

（1）准时开始

这一点无论对于培训师还是对于学员都十分重要。这是培训师严谨性的标志，原则上安排什么时间开始课程，培训师就要分秒不差地准时开始。而为了保证教学效果，培训师一般要提前30分钟做好准备。像笔者就有个习惯，一般在开课40分钟之前，笔者就会到达教学现场，并且在开课20分钟之前就做好全部的准备。

（2）准时结束

这也非常必要，培训师不仅需要严谨的作风，还需要娴熟的时间运筹能力才能准时结束。每一节课结束的时间，允许存在±2分钟的误差。在实际教学中，如果培训师拖延下课，就很难保证教学效果，学员也比较反感。笔者就遵循误差2分钟以内的原则，例如规定下午5:00下课，那么课程基本上会在4:58—5:02结束。

（3）合理分配时间

培训师要根据课程的重点、难点和学员的疲劳程度，灵活安排教学。对教学方案做评估时，需要补充时间的分配计划，要注意考虑学员的疲劳因素。

2. 内容线

内容线以课程内容的导入顺序为线索，呈现每个时间段对应的授课主题和内容。在内容线的设计和把握中，课程内容的裁剪是最为关键的。培训师需要对课程进行组合，这就必须要考虑到实际课程的可操作性和灵活性，这也是影响整体授课效果的关键因素之一。事实表明，课程内容要裁剪为板块的形式，从而实现灵活编排，也利于培训师自由发挥和把握。

3. 活动线

活动线呈现了培训师用怎样的顺序采用何种教学刺激度的教学活动，如通过教学活动引出教学内容，前面所提到的教学心电图其实就呈现了课程的活动线。

4. 情绪线

情绪线反映学员当下的情绪状态，随着课程的演进学员的情绪反应也会变化，最终形成曲线。能否调动和控制学员的情绪状态，一定程度上取决于培训师的临场表现，但是其实越出色的课程，越是能够预先在教学设计环节中，将学员的情绪反应变化都设计出来，并且加以相应的控制。

5. 工具线

工具线是指在课程的每个阶段所运用的培训设备、道具、设施等，工具线是课程严谨性的一部分，是教学顺利进行的有力保障。

第三节　讲师手册编写方法

本节从三个方面进行分享：讲师手册的价值、讲师手册的两大功能、讲师手册的八大模块及编写技巧。

一、讲师手册的价值

先对讲师手册下一个定义，什么是讲师手册呢？讲师手册是培训师在授课时的流程式内容指引。在四度和五度课程开发过程中，讲师手册属于培训师备课的一部分。讲师手册内容的编写工作包括：开场活动设计、课程主要教授的理论和技能整理、培训方法设计、案例分析、游戏编排、互动讨论设计、相关测试及测试结果分析等。因此编写讲师手册是整个课程开发过程中最为艰巨、最具挑战性、最具创造性的工作。

在编写讲师手册的过程中，最关键的是按照课程大纲的思路，并且参照时间表的时间分配，进行资料的收集和编排。

请思考一下，讲师手册的价值有哪些呢？主要有三个方面：经验传承、快速复制、复盘迭代（见图5-3）。

1. 经验传承

在企业的内训体系发展过程中，尤其是企业在新老培训师青黄不接的时候，往往会组织相关的技术专家和管理者，以经验萃取的方式，对他们内在的隐性知识进行集中的萃取。对萃取的内容加以提炼，就能编写出可传承的讲师手册。通过参考讲师手册的内容，新晋培训师就知道这门课大致怎么讲、有什么样的内容、授课中需要使用什么方式方法、课程能够达到什么样的目标结果等。此时的讲师手册就起到经验的传承载体作用。

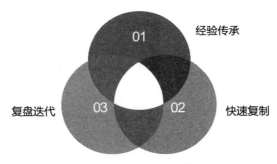

图 5-3　讲师手册价值

2. 快速复制

TD（人才发展）这个领域横亘着一个很大的问题：如何缩短新员工的成长周期？类似的，在培训师团队中，新晋的培训师如何快速掌握一门课程呢？这时候就需要用讲师手册进行快速复制，缩短新晋培训师或者初级培训师的成长周期。

例如，一位具备授课能力的初级培训师获取了某门课程的PPT课件、讲师手册，他就可以知道这门课程重点在哪、具体话术是什么、用了哪些教学活动和教具等。如果培训师仅仅通过手册自学，他的成长周期可缩短30%左右；如果在使用手册的同时，辅以导师指导，培训师的成长周期可缩短70%左右。

3. 复盘迭代

复盘迭代即培训师或者课题小组在开发完课程之后，随着时间的推移、知识的更迭，所开发的课程需要不断地进行优化。培训师在做完第一版课程后，过一段时间也要再回头去看看内容是否存在问题，在专家评审的过程中，也会发现需要对某些内容做进一步的修改。所以讲师手册的第三点价值就是可以帮助课程不断地复盘、迭代和优化，让课程内容具有更与时俱进的新版本。

例如，培训师做好初版讲师手册，经过专家评审，专家提出在三个方面进行修改，培训师根据专家建议做了内容完善，这时候的版本就是经过一次迭代的版本。通常来说，要经过三次左右的迭代，讲师手册才能算不错。

二、讲师手册的两大功能

接下来看一下讲师手册的两大功能：介绍课程框架、预演授课流程（见图5-4）。

图 5-4　讲师手册功能

1. 介绍课程框架

讲师手册能帮助不同群体快速了解课程框架、理清课程主体内容。

对于初级培训师而言，当他看到整个课程的概要或者框架的时候，他就知道这门课程到底讲什么。因此讲师手册的开篇要把整个课程的脉络整理清楚，逐一介绍课程开发的背景、授课对象、授课形式，期望目标等。

对于业务部门而言，他们在采购企业内部课程的时候，也需要去看讲师手册，以此来判断课程的内容是否符合采购要求。所以讲师手册要让业务部门、采购部门、客户能够快速了解课程的整个框架及内容。

2. 预演课程流程

通过讲师手册，初级培训师不仅要快速建立起这门新课程的整体逻辑框架，还要掌握可操作的讲课方式。

在讲师手册中详细记录了每一张PPT的教学方法、教学活动、教学步骤、预计用时、注意事项、关键话术等等。

此外，讲师手册还记录课程要点是什么、课程内容如何进行讲授、课堂活动如何组织和实施、针对课程内容有哪些扩展性的资料等等。

三、讲师手册八大模块及编写技巧

上文介绍了讲师手册的价值及功能，接下来说一下讲师手册的具体编写技巧。

首先思考一个问题，讲师手册由哪些模块组成？

根据笔者以往辅导的经验，一份完整的讲师手册分为8个模块，分别是版权说明、课程包、课程背景、课程简介、课前盘点、授课计划、授课脚本及附录资料。一般情况下，具备这8个模块，就能形成一份完整的讲师手册（见图5-5）。

图 5-5　讲师手册构成

接下来将对每一部分的内容进行详细的拆解。

一）封面及版权说明（见图 5-6）

业务类（2022 年 V1.0 版）

《物资采购的×××模式》

讲师手册
Facilitator's
Guide

面授课程（2 小时）
Face To Face Course（2H）

一、版权说明

本课题开发人员：

V1.0版 2022年×月

组长：×××

组员：×××××

V2.0版：

课程版权归属：×××培训中心

课程开发指导顾问：周锦弘老师

版权声明和保密须知：

本设计书中出现的任何文字叙述、文档格式、插图、照片、方法、过程等内容，除另有特别注明，版权均属于×××人才发展中心/培训中心所有，受到有关产权及版权法保护。任何单位和个人未经书面授权许可不得复制或引用本文件的任何片断（包括电子形式或电子形式）。

图 5-6 讲师手册前三页

第一页是封面，可以看到在封面的左上角要标明课程类型，即课程属于业务类，还是属于企业文化类、技巧类或问题分析类。后面写具体的年份和版本号，"2022年v1.0版本"就说明手册是2022年的第一个版本。这些内容的标识会在以后做内容更新时用作参考依据。页中是整个课程的标题，如某某采购的某个模式，页脚写面授课程时长。

第二页是讲师手册的目录。前面说到，讲师手册共8个部分，那么每个部分对应的页码都需要标识清楚，方便后期查找对应内容。

第三页是版权说明。现在很多企业都非常重视版权，讲师手册里面一定要包含版权说明。一般在课程开发过程中以3人为一个课题开发小组，一个开发小组会有组长和两位组员。版权说明中，你需要写明版本、参与该版本开发或修改的人员。如果你的课程有更新迭代，例如第一个版本开发于2022年6月份，第二个版本开发于2022年7月份，你要分清楚6、7月份各由谁来修订的。注意这页要写明课程版权的归属，如某个企业的企业大学或者培训中心。课程开发指导顾问、版权声明和保密须知按具体情况写即可。

二）课程包

课程包里会有一张表（见图5-7），上面标注"×××课程包内容"。表格一共分为4列，第一列是编号；第二列是具体的名录，推荐你列举：课件、讲师手册、学员手册、培训师工具箱、训后的转化手册（如果有）；第三列是具体的内容，例如学员手册包括哪些、讲师手册包括哪些、整个工具箱包括哪些等等；最后一列是备注，主要补充说明对应内容在哪个场景中进行使用。

三）课程背景

课程背景介绍课程开发的背景信息和解决的主要问题（见图5-8）。课程背景主要包括4个要素：情景、冲突、疑问和答案。为了方便记忆，简写为SCQA。

二、课程包

编号	名录	内容	备注
	"×××课程包"内容		
	说明: 本"课程包"包括两部分内容,一部分为"培训师使用系列",一部分为"学员使用系列"		
01	×××课件	课程演示 PPT	培训师授课使用
02	×××讲师手册	课程设计蓝图、课前准备手册、课程执行手册	培训师备课使用
03	×××学员手册	课程要点、参考辅修材料、课程记录	学员学习过程中使用
04	培训师工具箱 (以电子版形式存在)	游戏、演练模拟、测试题、工具表格、音乐和视频等辅助道具的使用时机与使用要点	培训师备课/授课使用
05	训后转化手册 (部分课程有)	工作盘点表、工作绩效支持手册	学员学习后内化使用

图 5-7　课程包内容表

　　情景指课程开发的大背景,冲突指在大背景下发生了哪些问题或者冲突。看图中的例子,这里需要注意用否定词陈述存在的问题,例如不清楚、不熟悉、不知道等等。

　　疑问指根据上述冲突提出问题。最后是答案回答,指通过本次课程学员将实现什么,如掌握方法、技巧、思路,或是操作合规化、提高工作效率、降低成本等。

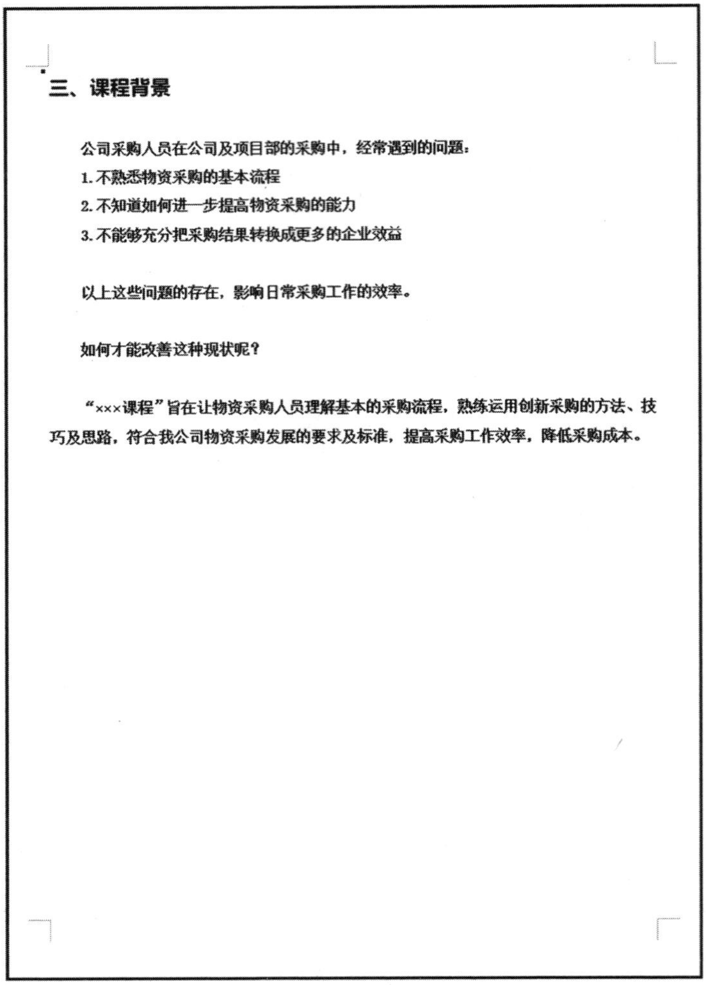

三、课程背景

公司采购人员在公司及项目部的采购中，经常遇到的问题：

1. 不熟悉物资采购的基本流程
2. 不知道如何进一步提高物资采购的能力
3. 不能够充分把采购结果转换成更多的企业效益

以上这些问题的存在，影响日常采购工作的效率。

如何才能改善这种现状呢？

"×××课程"旨在让物资采购人员理解基本的采购流程，熟练运用创新采购的方法、技巧及思路，符合我公司物资采购发展的要求及标准，提高采购工作效率，降低采购成本。

图 5-8   课程背景

四）课程简介

课程简介包括了课程名称、授课时长、授课对象、授课方式和课程目标等内容（见图5-9）。课程名称即这门课程的主题；授课时长，就是课程讲授完成所需要的时间，单位一般为小时，例如沙龙型的分享一般为2小时，半天的课程为3~4小时，一天的课程为6~7小时；授课对象是这门课程的目标人群或者潜在的受训者；最佳人数即课程适合多少人听课，线下课程一般建议以分组的形式进行，以便于开展教学活动，每组人数5~7人比较合适。图上写的是25~35人，为什么是25~35人呢？

四、课程简介

课程名称	×××		授课时长（小时）	2
授课对象	物资采购人员		最佳人数	25-35人
授课方式	讲师讲授、小组讨论、案例分析、总结复盘、提问、点评			
学员特点	背景：大部分学员年龄25-35间 学历：专科及以上 职级：助理经济师 性别：男 学习风格：喜欢学习			
课程目标	物资采购人员在讲师的指导下，理解基本的采购流程，熟练运用创新采购的方法、技巧及思路，从而达到我公司物资采购标准			
课程大纲	一、×××的重要性 二、×××的内容 三、×××的五种创新模式 四、课程回顾与总结。			

图5-9　课程简介表

根据笔者以往的授课经验来看，一般而言，低于20人的课程，课程整体气氛很难烘托，教学活动的实施效果不是特别好。

为什么不能多于35个人？原因在于学员多了，整个课程的授课质量就会下降，最终产出的内容质量也会受一定的影响，而且对于老师的整体控场能力挑战很大。

　　例如笔者在2017年给一家生产制造型企业做培训时，培训单位为了降低成本，原定30人的培训报了60多人，现场实到50多人。在这两天一晚的课程中，老师面对的挑战真的相当大，一方面笔者要照顾到每个学员，另一方面因为课程开发的工作坊是有明确产出物的，所以如此多的人数就很难产出高质量的课程内容。

　　如果出现上述情景，你有什么解决方法？笔者建议，如果一门课程超过35人，你需要再配一位辅导的老师（注意是辅导老师而不是助教），这样可以大大地减轻课程产出的压力。

　　授课方式指培训师结合课程内容设计的课堂教学活动，以帮助学员理解重点内容。常见的教学活动有讲师讲授、小组讨论、案例分析等等，前文已讲得很详细了。

　　然后就是学员特点，为什么要把学员特点放进来？你会发现，前期做没做需求分析，后期的教学效果是完全不一样的。通过需求分析，你会了解学员的学历高低、背景、职级、学习风格是什么样的。

　　举个关于学历调研的例子。笔者有次给一家快递公司做培训，参加培训的学员学历普遍不高，基本上是高中水平。如果是这种水平的学员，课程的理论一定要浅，而且要通过角色扮演、游戏互动等增加学员的参与感。笔者按照这个思路设计课程，学员的收获、体验都较好，课程获得了学员们的一致称赞。

　　还有一次，笔者给中国航天集团下属的一个研究院讲课，这批学员学历很高，90%的人都是博士、博士后。在这门课程的设计过程中，就要讲究理论的深度。所以整个课程开发过程及教学过程都要结合学员的特点来进行。

　　还有一个栏是课程目标，五度课程开发的课程目标主要指学员通过本次课程学习，能够在课堂上表现出的行为或者结果，这种目标一般被叫作课堂表现性目标。注意：课程目标不等同于业务目标！有很多学员常常混淆这二者。业务目标指学员在岗需要完成的月绩效目标、年绩效目标，而课程目标仅仅是学员完成课程时的行为或者结果。笔者发现，很多学员都会把课程目标按业务目标的形式进行撰写，这有很大的问题。

最后是课程大纲，课程大纲就是一号表里面的内容。

五）课前准备盘点表

见图5-10，涂黑你认为需要盘点的项目，没有涂黑的是本课程可选项或者不用准备的内容。这里一共分了7个部分。

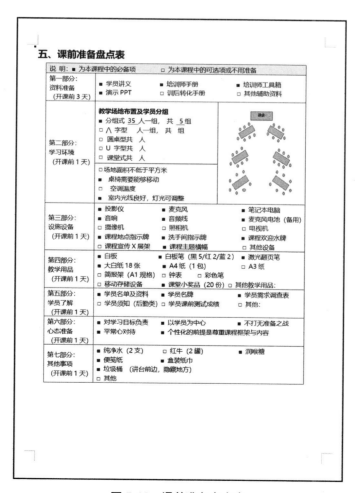

图 5-10　课前准备盘点表

例如笔者在开课的前三天，首先要去核查资料准备情况，确认学员讲义、讲师手册、演示PPT、转化手册（若有）等等。

学习环境也是准备的重要一环，一定要在开课前一天把整个培训场地布置好。你可以看到图例中采用的是岛屿式的讲课方式，岛屿式能够让学员进行充分的讨论。此外采光、声音条件也要注意，室内光线一定要适当，环境要安静。

然后还要准备设备和教学用品。表中列出了常用的设备，教学用品则包括大白纸、白板、白板笔、A4纸等。笔者建议你准备一些课堂小奖品，而当课程时长在半天以上时，一定要准备奖品，这可以有效地激励学员参与教学。

此外，培训师需要知己知彼。要对学员有所了解，就需要学员名单、需求调研表、立项说明书等。另外，很多人会忽视心态准备，这里建议你在课前把课程从头到尾回顾一遍。

最后，把一些琐碎的杂项也列举出来，讲师手册第五部分课前准备盘点表就完成了。

六）授课计划

什么是授课计划？授课计划就是教学活动的实施指南，是培训师顺利完成授课的辅助工具（见图5-11）。

具体点说，授课计划包括教学程序、内容大纲、教学方法、授课时间这几部分内容。授课计划的详细程度取决于培训师的自身经验，越是经验不足的老师，授课计划应该越详细。在2004年时，笔者在上海的一所高校讲课，当时笔者因为授课的经验不足，所以就把授课计划写得非常详细，每一个教学活动的用时都写出来了，幸亏这样，课堂效果还不错。如果你经验不足，建议在这一部分投入精力来充分细化。

六、授课计划

教学程序	内容大纲	教学方法	授课时间
课程开场 （5 分钟）	自我介绍	开场破冰	2 分钟
	课程目标及目录介绍	圆点投票、拇指向上	3 分钟
大纲一： 物资采购的重要性 （30 分钟）	（一）采购创新的背景	视频教学	10 分钟
	（二）物资采购与成本的关系	选学习委员、小组研讨	10 分钟
	（三）案例页	案例+讨论	5 分钟
	（四）小结	讲授	5 分钟
大纲二：物资采购创新模式的内容 （20 分钟）	（一）采购创新模式的分类	知识中心、讲授	5 分钟
	（二）采购创新模式的适用范围	互教互学	10 分钟
	（三）小结	提问	5 分钟
大纲三：物资采购五种创新模式 （55 分钟）	（一）总部战略采购模式	模拟演练	10 分钟
	（二）总部集中采购模式	讲师示范、案例	10 分钟
	（三）跨区联合采购模式	同伴分享、案例	10 分钟
	（四）区域集中采购模式	画廊展示、案例	10 分钟
	（五）电商直采模式	经验排序、案例	10 分钟
	（六）小结	画廊展示、点评	5 分钟
大纲四： 回顾与总结 （10 分钟）	课程回顾与总结	讲授+提问	10 分钟

图 5-11 授课计划表

七）授课脚本

授课脚本是讲师手册最为核心的部分（见图5-12）。

你可以看到目录中，前几个模块基本上每个模块就一页，但是授课的脚本可能多达几十页甚至上百页。在整个授课脚本中包括五个部分：基本信息、页码标题、教学步骤、扩展资料、课程修订。

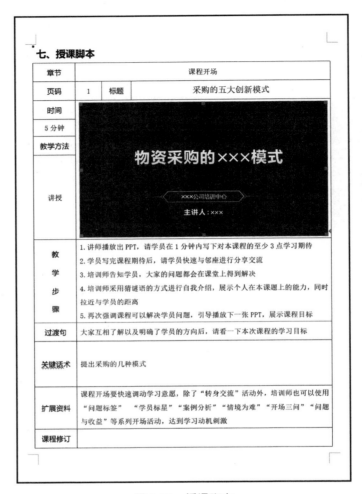

图 5-12 授课脚本

1. 基本信息

图例中的基本信息就是章节，记录当前PPT页位于整个课程的哪个位置。

2. 页码标题

即对当前PPT的时间位置安排。包括：当前幻灯片的页码编号、标题内容、授课时间、授课方式、PPT图片。注意把课件PPT内容导出成图片，之后再加入到讲师手册里面。

3. 教学步骤

教学步骤指讲解这张PPT时用了哪些教学活动，注意教学步骤一定呈递进关系，不是并列关系，它有前有后，有第一步才有第二步。如果不按照先后顺序，学员会根本无法理解你的教学内容。

教学步骤中也呈现过渡句和关键话术。过渡句是什么？过渡句就是用来在两张PPT间进行过渡的话，这要记在讲师手册中。另外关键话术也要写明，图例中的内容写得比较简单，建议这部分多写一些，尤其是重点内容的PPT，关键话术一定要写。通常在撰写讲师手册时，关键话术建议写3~5句或更多。

4. 扩展资料

扩展资料指什么？在备课的过程中，培训师除了准备常规的教学活动和内容，还可以补充一些备用的内容，防止课程内容未填满教学时间。如果一门90分钟的课程，你用了75分钟就讲完了，还有15分钟的教学时间，你该怎么办呢？这时你可以用扩展资料里的教学活动和内容完成最后15分钟教学。

5. 课程修订

课程修订指课程有哪些可修改之处。例如你试讲后，专家评审提出了修改意见，你就要记录下来，以方便你之后根据修改意见，对每一张PPT进行具体的调整。

八）附录资料

附录资料包括整个课程中学员需要知道的内容或者转化用的工具（见图5-13）。例如在课程开发工作坊的讲师手册中，一般会把课堂的危机处理应对技巧、加涅的教学九步骤、布鲁姆的教学目标六层次等内容放到整个手册最后。附录里还可以列举常见的教学活动。当然了，每个课程由于形式不一样、目的不一样，需要放的附录资料也是不一样的。你可以根据这个模板去优化和设计自己的附录资料。

附　录 1：课堂危机处理应对技巧

要预先思考和准备课堂中可能会出现的危机处理方法。授课过程中可能出现的状况真正是千差万别，不可能全部预料到。但有一些频发的现象或学员经常出现的情况，希望讲师能够有些基础了解，并积极地进行一些事先的心理准备。其实，优秀的讲师在这方面亦有很多丰富的经验。下表列出了在课堂中可能会出现的一些"危机"情况类型和一般优秀讲师所应当采取的相应应对措施，以飨新晋讲师，并仅供参考。

课堂危机的 具体情况	解决方案
教室中的喧闹	1.　课前的喧闹，讲师可以通过播放一段与本课相关的视频片段来吸引学员的注意力，从而是大家可以集中精神，慢慢安静下来。 2.　讲师在正式上课之前说明在上课期间学员应将手机调为静音或震动状态。 3.　讲师在正式上课之前向学员说明上课应遵守的纪律和规则，告知其什么时候该讨论，什么时候该安静聆听。 4.　上课期间如果有部分学员大声讨论，影响到了正常上课，那么讲师应该在讲解过渡话题时给予提醒。
学员迟到	1.　首先是应该向他们的到来表示欢迎，切忌不要对迟到学员进行消极的评价。 2.　讲师不要因为迟到的学员而打断整场培训。 3.　如果已经到了课程的某个时间节点，不妨先安排一个课间休息。 4.　可以在迟到学员寻找座位之机，提一个比较简单的小问题。 5.　组织一个调动气氛的小游戏。
小组讨论时，学员不够积极主动，缺少合作	1.　在小组讨论开始后，讲师及辅助讲师应该对各小组进行巡场，鼓励参与。 2.　设计一些互动性强，需要团队协作的活动或游戏。 3.　给予一定奖品作为优胜小组的奖励。 4.　督促组长要起到带头和督促的作用。
在课堂上吃早餐	讲师应该在课前督促未吃或正在吃早餐的学员适当加快速度，不要影响上课。 如果学员在上课进行中吃早饭，那么讲师应给予提醒，允许其吃完，但尽量不要影响其他学员。
学员对讲师的讲解产生异议	有些教学内容，由于难度较大或学员不熟悉，学员常常会在教师讲授后不能完全理解，这时学员便会产生异议或是私下展开讨论。此时，学员应该及时询问学员哪部分内容没有听懂，如果大部分学员都有异议，那么讲师应该再更细致的讲解一遍；如果只有小部分学员有异议，则可请理解的学员为其进行解答且增加了课堂的互动性。
学员缺席情况严重	由于业务繁忙、身体状况不佳等问题，学员缺席有时是无法避免的。但是我们应该在第一时间与学员取得联系。如果实在无法继续参加培训，那么讲师应该根据实际情况重新进行分组，并向学员说明情况。
外部干扰	辅助讲师应该重点负责处理外部干扰的事务。如果外部事务打断了上课，那么辅助讲师应该及时处理，讲师则应该快速让学员将精力重新集中到课上。
学员精神不集中	1、对于成人学习习惯，一般最长集中精神的时长为 10 分钟。所以每隔 10 分钟讲师应该安排一些互动游戏或小组讨论等活动来缓和疲劳和精神紧张情绪。 2、适时提供咖啡、冰水等饮料来重新唤回学员们的注意力。
学员在课中身体不适	学员在课中如果因身体不适而无法继续坚持上课，那么辅助讲师应该第一时间安排其进行及时治疗等。

图 5-13　附录资料

附　录 2：加涅："教学九步骤"

罗伯特·加涅（Robert Gagné）于 1965 年发表了著名的《学习的条件》一书。书中详细介绍了"教学九步骤"这一概念。加涅认为，这九个步骤是任何一个对立、完整的教学所必不可少的。如果想达到教学的预期效果，则必须循序渐进地执行这九个步骤。这里将这九步骤介绍出来，以供参考。本课程开发中有很多教学活动都尽量按照每个步骤来进行设计与开发。

课堂教学九步骤	人脑内部过程	相应的课堂教学活动
1. 引起注意	接收	使用突然的刺激变化
2. 告知学习者目标	预期	告诉学习者在学习之后，他们能够做些什么
3. 刺激回忆先前的学习	提取到工作记忆中	要求回忆先前习得的知识或技能
4. 呈现刺激	选择性知觉	显示具有区别性特征的内容
5. 提供"学习指导"	语义编码	提出一个有意义的组织
6. 引出行为	反应	要求学生表现出行为
7. 提供反馈	强化	给予信息反馈
8. 评价行为	提取和强化	要求学习者另外表现出行为给予强化
9. 促进保持和迁移	提取并概括化	提供变化了的练习及复习

图 5-13　附录资料（续）

讲师手册所有结构和内容已经分享完毕，在编写讲师手册过程中有四个注意事项：

1. 要体现课程的深度和高度。什么意思？就是你的课程必须有理论基础或者经典模型。

2. 为课程提供内在实用性。为了让学员学完后能迅速进行转化和应用，老师要给学员提供课程配套的工具和方法，帮助学员完成训后转化，为学员做好绩效支持。

3. 参考资料放在附录。如果课程相关内容特别多（尤其是一些专业领域的课程），就很需要把一些参考资料放在附录中。

4. 做好讲师手册的编码、编排。要能看出每个内容是第几页，并建立一个详细的目录，这一点对于页数比较多的手册尤为重要。另外，注意讲师手册的排版一定要清楚整洁。这都是写讲师手册需要注意的事项。

第四节　学员手册编写方法

本节将从以下三个方面进行分享：学员手册四大功能、学员手册的八大模块及编写技巧、学员手册编写的注意事项。

首先来思考一下，学员手册是什么呢？

学员手册是学员参加课程时得到的课程资料，包括学员需要掌握的所有知识要点。

学员手册的内容和形式可以根据课程的需要进行多样化的选择。培训师可以选择课程教材的某些部分，在开展课程过程中，组织培训的管理者也会发放补充资料，包括参考资料、讲义、案例分析资料、角色扮演资料以及游戏活动说明资料等等。

一、学员手册四大功能

学员手册有四个方面的功能（见图5-14）。

图5-14　学员手册功能

1. 呈现课程内容

学员手册一般在课程实施前发给学员，学员通过对手册的阅读，可以了解这门课程的开发背景、课程目标以及主要授课方式等。设计合理的学员手册可以让学员在课程开始前连接更多的已有经验，激发学员对课程的兴趣。

2. 引导课堂学习

在课程实施过程中，培训师会通过讲授示范、案例研讨等方式，呈现课程内容。学员手册是提供给学员记录课程内容和学习心得的一个载体，同时也可以帮助学员理解当前内容，以及当前内容与前后内容之间的关系。

3. 展示练习内容

一般来说课堂练习内容会呈现在学员手册中，方便学员在课堂练习时使用（有时特殊的教学设计中，也可以利用发放散页的方式补充练习材料）。例如课程开发模块中，培训师让学员在手册填写自己所开发课程的相关内容（见图5-15）。

请在学习手册空白处填写以下内容

1. 课程名称：

2. 目标学员：

3. 本课程解决什么问题：

4. 预估课程时长：

图 5-15　展示练习内容

4. 推进训后转化

这项功能往往在很多课程中被忽略。事实上，学员手册除了能够引导学员的课上学习之外，还可以成为学员课后复习和应用的工具。很多时候，课程设计者会将课后应用工具、课程的扩展阅读资料也放入学员手册中，以此帮助学员在工作中应用所学的内容。

接下来请读者思考一下学员手册由哪些部分组成，以及应如何进行编写。

二、学员手册八大模块及编写技巧

请看图5-16，学员手册一共分为八个模块，分别是图上的欢迎致辞、课堂公约、课程背景、课程简介、授课计划、课程内容、附录资料和不在目录里的散页，对这八个模块，感不感到似曾相识？没错，当你把讲师手册开发完毕，再来制作学员手册会非常容易，因为这两本手册大部分的内容都是重合的。

首先是封面（见图5-17），与讲师手册几乎一样。封面的标题修改为“学员手册”。接下来看一下具体的内容。

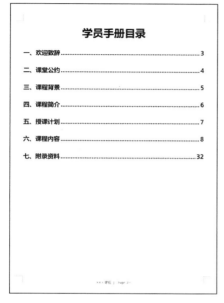

图5-16 学员手册目录

图5-17 学员手册封面

一）欢迎致辞

这部分的主要作用是让学员对课程有一个整体的认知。首先是公司的欢迎词，让学员感觉培训有温馨感。然后，要简介学员在课前、课中、课后分别要做什么，如果没有这部分内容，学员脑海里没有一个学习的大致框架，学习效果会受到直接影响。笔者以前做工作坊时，制作的学员手册并无"欢迎致辞"，导致学员在学习前无法知道整个过程的全貌，对学习内容的理解和记忆就打了一定折扣。因此，在学员手册增加此部分，对学员快速进入学习状态有很大的帮助（见图5-18）。

二）课堂公约

在组织任何培训时，都要有仪式感。仪式感的主要营造方式之一，是让学员签署课堂公约（见图5-19），承诺遵守课堂纪律、认真学习课程内容。笔者在给一家互联网公司做讲师手册开发的过程中，第一天就做了一个很好的示范，培训部门要求每位学员当场签署课堂公约，签署后进行宣读。具体而言，每位学员在上课前领到一张小卡片，小卡片包含了部门、工号、姓名及课堂公约具体内容，全班站在讲台前宣读课堂公约，以这样的形式开始正式培训，有效地增加了整个培训的仪式感。

一、欢迎致辞

亲爱的学员：

您好！欢迎您参加《物资采购的×××模式》培训班！衷心期望您能够利用本次难得的培训学习机会，用最开放的心态和最饱满的情绪投入学习，将所学之知识和工具，有效应用于您的工作和生活当中。

在这里，即将开启我们四个阶段的学习，通过层层递进、相互补充的学习方式您将学习到丰富的知识内容：

一、课前预训：通过网络在线、微信学习、资料阅读请大家提前学习物资采购管理知识

二、现场正训：

课堂面授主模块为：物资采购创新模式的内容、物资采购的×××模式

课堂主要学习活动为：讲授、讨论、案例、总结复盘、提问、点评

三、课后自训：自我训练

四、课后复训：公司将与/安排/，检验学习效果

希望这些学习内容能够成为我们通往成功的金钥匙，帮助我们快速成为一名物资采购高手！

在这里，我们相聚一起，为×××公司同一个梦想而奋斗，为同一个希望携手进步，共创未来而努力。

梦想从这里放飞，希望从这里点燃，期望大家在学习中取得长足进步！

预祝您学习愉快，身体健康！

×××企业人才发展中心

二零二零年六月八日

×××课程 | Page 3

图 5-18　欢迎致辞

二、课堂公约

欢迎大家前来参加《物资采购的×××模式》，为了使本次授课内容能够达到预期的目标，我们将遵守下列约定，为项目共尽一份力

1.每次上课能准时出席，严格遵守时间安排表

2.将手机及其他通讯设备设置为静音或关机状态

3.主动参与各项课堂讨论及活动，按时完成讲师布置的各项作业

4.敞开心胸，吸收来自学友和老师的经验、见解和意见

5.愿意**说出**自己的意见和想法，乐于与他人分享

6.愿意**倾听**别人发表的内容

7.做一个健康的学员，我的灵魂不被手机、电脑侵占

8.乐意为团队荣誉而战，不做旁观者

9.传递正能量，将所学转化运用到工作之中

10.如果我是队长，除了做好表率外我将督促和检查我的队员落实上述要求

再次感谢您对此课程的鼎力支持！

现场班务：

联系电话：

所在公司及部门：　　　　　　　　　　**工号：**　　　　　　　**姓名：**

图 5-19　课堂公约

除了这个宣誓仪式，他们还做了一件非常好的事——把这几天需要产出的课程结果也写到课堂公约中。所以你会发现仪式感在整个培训过程中是非常重要的。课堂公约通过仪式感让学员把心安定在培训课程中，因此学员要签署自己的姓名，这样才会有更好的仪式感。

三）课程背景、课程简介、授课计划

学员手册第三到第五个模块和讲师手册的相应模块相同。具体参考上一节内容，就不一一赘述了。

四）课程内容

学员手册的课程内容主要作用包括：为学员提供课程中所讲述的关键内容、帮助学员理解不同内容之间的关系、以视觉化的方式表达关键内容、帮助学员跟上学习进度。有科学表明，学员接受信息的速度是培训师讲课速度的3~7倍，也就是说在课堂上，学员大脑接收的速度远远超过培训师讲课的速度，因此学员很容易走神，导致培训师所讲的内容无法进入学员的大脑。此时学员手册可以吸引学员的注意力，让学员将学习内容记录在手册上，学员的注意力就可以与课程内容重新关联起来。

学员手册的内容部分一般分两种呈现方式（见图5-20）：影印版和引导版。你可以看一下这张PPT，左边是影印版，右边是引导版。

1. 影印版手册

将课程的PPT直接打印成学员手册。这种方式的优点是操作比较快捷，被很多培训师广泛使用。要注意的是在影印版中PPT是要有留空的，这种处理的关键用途是让学员在听课过程中记录关键内容，学员手册让学员有涂写的空间，就可以吸引学员学习时的注意力。

2. 引导版手册

在引导版手册中培训师可以根据授课内容和授课方式重新编排内

容。这种根据课件重新编排过的学员手册，能够更好地引导学员做记录、做阅读。

学员手册内容两种设计

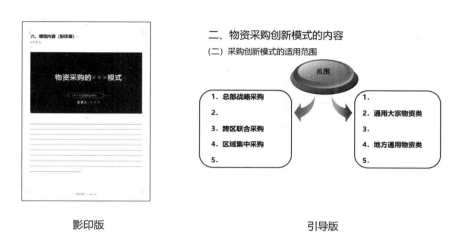

影印版　　　　　　　　　　　　　　　　　引导版

图5-20　学员手册排版

例如图例右边的引导板手册，课程设计者保留了PPT的关键核心要素和逻辑，删除了PPT中的部分文字内容，并针对学员的记录习惯重新进行排序。在课堂上，学员只有完成了空白处的填写，才算是学到了课程的核心内容。

这两种形式可以根据培训师的实际情况去做相应的设计和使用。

根据以往辅导的经验，笔者希望你多花点时间去做引导版手册，而不是影印版手册。因为引导版可以启发学员的具体思考，影印版的优势在于课程的内容手册全部有，学员可以去看，但是这种方式没有调动学员动手动笔的能力。所以在整个学员手册的设计上，引导版的效果比影印版的效果更好。

五）附录资料及散页

附录资料一般是课程中的扩展阅读资料，以及课后的应用工具，这些内容都会放在附录资料中，使学员需要使用时能够快速查阅。这部分和讲师手册的第八模块相同。

学员手册除了这些内容外还有什么呢？其实还有一些散页，也就是整个培训教材的补充材料。根据不同的课程特点，散页也会有一定的使用场景。一般当课程内容具备以下特点时候最好使用散页：第一，工具表单；第二，学习难度比较高；第三，内容比较重要。

所以在做散页过程中，需要给散页做好排序规则，例如第一表、第二表、第三表、第四表……以此类推，方便这些散页进行相应的迭代和升级。如果说在一次课程中，散页的数量很多，学员不便于整理，那么建议培训师把散页装订成单独的册子，或合成一本学员参考用书，以更方便学员查阅。

三、学员手册编写的注意事项

1.准确性

要确保这些内容准确无误，这样才能保持课程在学员心中的可信度。

2. 针对性

学员手册的内容要紧紧围绕学习的目标来组织，在满足学习目标要求的基础上，再考虑增加内容的趣味性。

3. 难易适当

参训学员的文化程度、理解程度有时会存在差别，在编写学员手册时，需要充分考虑学员的文化水平和理解能力，对内容和形式进行相应的调整，以免给学员增加学习的压力。如高中学历和博士学历的学员，不能用同一种教材，高中学历学员的手册可以多一些图片，博士学历学员的手册可以多一些模型。

4. 留出适当空白

切记，这点很重要！在编制学员手册时，一定要留白供学员在学习过程中进行记录。千万不要把学员手册排得满满当当的，学员想记录点内容都没有地方，这样手册使用起来就很麻烦，也不被学员接受。

5. 排版的适宜性

要选用合适的字体和字号，一般建议按照宋体、小四号、单倍行距进行编排。

1. 判断题

讲师手册价值包括经验传承、快速迭代、复盘复制。（   ）

2. 选择题

学员手册的内容部分一般分两种呈现方式：影印版和（   ）。

A. 空白版

B. 纸质版

C. 电子版

D. 引导版

3. 配对题

活动线	以课程内容导入顺序为线索，呈现每个时间段对应的授课主题和内容。
情绪线	在课程的每个阶段所运用的培训设备、道具、设施等。
时间线	反映学员当下的情绪状态，随着课程的演进学员的情绪反应也会变化，最终形成曲线。
工具线	在课程时间推进的过程中，注明每个模块或每节课占用的时间段。
内容线	培训师以怎样的顺序采用何种的教学刺激度的教学活动。

4. 填空题

学员手册有四个功能：呈现课程内容、引导课堂学习、展示练习内容和（　　　）。

5. 简答题

一本完整的讲师手册包括哪些部分?

（答案在下一章的回顾练习后。）

第四章 回顾练习答案

1. 对

2. ABDE

3.

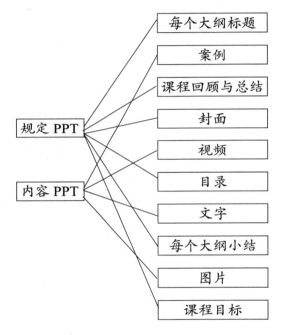

4. Why；If What

5. 一、需求调研；二、确定主题；三、设计目标；四、逻辑结构；

五、撰写大纲；六、案例撰写；七、PPT 制作。

第六章

五度面授课程开发

第一节　教学活动设计新范式

在第五章介绍了基于教学心电图的教学活动设计方法，读者可根据教学刺激度布置相应的教学活动，这种教学活动设计方法比较传统。本章会给你介绍一种较为新颖的教学活动设计方法，分为三步：开场激活，中场练习，终场复盘。这种教学理论来自一本书——《4C颠覆式课堂活动》。根据这本书，好的教学活动设计，能够激发学员兴趣、关联学员之前经验，并让学员产生"肌肉记忆"，从而学以致用。如果你不会设计教学活动，课程将讲得枯燥乏味，下面的学员就会走神，根本不接纳你讲的内容。

一、好课程的三大特点

首先请各位思考两个问题：什么是好课程呢？好课程具备哪些特点呢？

请你在自己的脑海里去搜索一下，回忆你所接触的课程，不管是企业内训课程还是公开课，什么样的课程能称之为好课程呢？是老师讲解的内容非常精彩，还是课程能给自己很多的思考？建议你在一张纸上先写下自己的想法。

在思考完之后，看看你的想法和好课程的三大特点匹不匹配。这三大特点分别是：目标明确、贴近工作场景、基于脑科学原理。

1. 目标明确

课程要围绕目标设计和实施，要评价一门课程，首先就要看整个课程的目标是不是基于需求分析得出来的，能不能改善工作绩效。

2. 贴近工作场景

在课程设计中，要看有没有与岗位相关的场景，能否让学员一下子进入场景中。

3. 基于脑科学原理

整个课程的设计，一定要符合学员的大脑学习思维规律，以及他在课堂上的心理活动规律。

二、开场激活

好课程的三大特点不仅适用于整个课程的开发，对于设计开场激活流程也很有帮助。

例如，有一位学员开发题为"钳工装配蓄电池"的课程，开场讲"蓄电池错误装配引起的故障"的案例，带入工作场景，然后讲明整个课程的教学目标，通过15种教学活动带出教学内容。

开场激活的目的是激发学员的兴趣。

一）激发兴趣三大原则

1. 在课程开始之初要陈述这门课程对于学员的具体收益

收益包括增加收入、改善心态、获得认可等。

2. 通过可衡量的积极子目标来展现整个课程的价值

课程的价值越大，学员的兴趣就越大。例如说：课程设计师参加此课程可以收获十大课程设计工具、二十张工具表单、三十种教学活动技巧。如果你恰好是课程设计师，你对这门课程的期待就会很大。

3. 调动学员的情绪

培训师自己的状态会影响到学员的情绪，只有当培训师拥有积极向上的情绪，他才能激发学员的积极情绪，从而让学员的心态逐渐变得开放，提升对学习的兴趣，学员才能够接受新事物、找到新发现、学到新知识点。

二）开场激活常用的教学活动

1. 四个格子（见图 6-1）

图 6-1　学员作品

（1）每位学员将A4纸进行对折再对折，折成四个格子。

（2）左上角的格子是第一个格子，按照顺时针的顺序，学员依次在每个格子画一张图。

第一个格子画自画像，第二个格子画学员当讲师的样子，第三个格子画学员认为优秀的课程或者你记忆中的优秀课程，第四个格子画对今天工作坊的期待。

（3）画完后，学员起身找其他学员两两交流，交流三次后回到座位上。

活动时间：10分钟。

2. 技能摸底

（1）根据所安排的典型情境及要求，学员2人一组进行模拟训练，练习完毕后说出对方至少3个优点。

（2）学员参照培训师提供的标准进行比较，寻找自己的改进方向。

活动时间：5分钟

3. 成果投票

（1）学员浏览墙面上张贴的学习成果示意图。

（2）学员对自己所期待的具体学习成果进行投票（每人投的学习成果数量控制在5~7个）。

（3）学员阅读学习成果投票结果。

活动时间：5分钟

三、中场练习

一）记忆处理过程

图6-2可用来解释人的记忆处理过程。

1. 刺激—短时记忆

图例的最左边是刺激，刺激会形成短时记忆。刺激到短时记忆的这一步，是将视觉、听觉、触觉等感觉印象进行初步登记。这种登记一般不会超过几秒钟，通常是在无意识层面进行运作的。

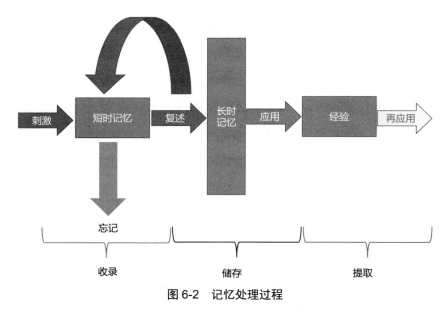

图 6-2   记忆处理过程

在课堂上，培训师通过让学员通过看、听、触碰等方式，不断受到感觉上的刺激，才能形成短时记忆。短时记忆形成时，会将信息有选择性地从感觉中提取出来，并且与已存储的在长期记忆中的信息进行关联。那么短时记忆能够保留多少秒呢？一般是20~30秒，其存储的容量为7±2个记忆模块。

外部刺激在形成短时记忆后，其实是很容易被大脑忘记的。因此我们就要研究如何让知识转化为长时记忆。这时要用到的方法是复述，培训师需要让学员对知识内容不断地复述，最终将知识作为长时记忆收入到大脑中。

现在线上课程很多，线上课程以知识点为主，培训师在设计线上课程时就要注意有没有设计相应的练习题，让学员在课后进行训练和应用。

2. 认知过载

在这里还有一个现象（见图6-3）。如果培训师在一门课程中讲授大量的知识元素，缺少有效的转化练习，由于学员的记忆容量有限，就会形成认知过载。

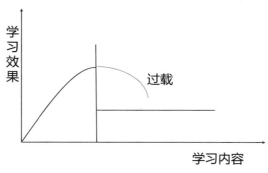

图6-3　认知过载关系图

什么是认知过载呢？在图例中，纵轴是学习效果，横轴是学习内容。当老师讲得太快，短时间内导入了太多的内容，不仅会挤掉学员主动学习新知识、新技能和熟悉新的学习材料的时间，还会导致学员的大脑学习系统趋于关闭，减少了学员实际理解、记忆的学习内容。

在现实教学中，认知过载很常见。尤其是经验不够丰富的培训师或者高校老师，你会发现他们讲的课往往理论太多，灌输的东西太多。这会导致虽然学员听了课程，但是真正能够进入学员脑海的内容有多少呢？这就要打上一个很大的问号。

3. 短时记忆—长时记忆

培训师在设计教学的过程中，理论部分不宜过多，在理论部分之后，也要设置相应的练习让学员做深度的关联和掌握。

培训师无论安排学员做测试题也好，让学员通过其他形式练习也好，要让学员对所学内容不断地复述，强化学员大脑对于某个知识块或知识点的记忆。

短时记忆经过不断复述后就变成了长时记忆，长时记忆指将短时记忆获得的信息，存储在有意义的心理类别中，这种存储持续很久，有些甚至可以持续一生，并且容量无限。

举一个简单的例子：某人小时候学会了游泳，等他长大后，可能有十几年甚至二十几年都没有游泳，但是一旦让他进到水里，外部环境就会唤醒其过往的练习记忆，出于求生本能，他会自行游到岸上。游泳这种记忆就是永远储存在脑海中的，可以一辈子都不忘记。其实长期记忆就是指大脑的肌肉记忆。

培训师可以建议学员在参加完每个工作坊后做一个小小的练习——21天打卡练习。通过打卡练习，学员会对这门课程的每一个知识点进行重新拆解和建构，形成自己的一整套表述，从而形成记忆。

4. 长时记忆—应用

形成长期记忆后，就要想这些内容应该怎么应用。只有通过应用，知识才能转化成学员个人的经验价值。因此，课后练习是必不可少的，不论作为培训师还是学员，都要对这一点有清晰的认识。课程结束后一定要确认，培训师有没有提供训后的落地转化包。通过这些工具，学员才能够快速掌握课程的核心内容。

我们之前提到过布鲁姆的教学目标，里面包含六个层次，第一层叫记忆层，第二层叫理解层，第三层是应用层。应用层，顾名思义，要不断地去应用。讲完某个知识点，学员就要试着应用到其他的领域，例如我们刚刚讲过的记忆过程，笔者给大家分享了整个记忆过程，那么各位能不能通过这一过程举一反三呢？

你能不能把这个原理应用到某个记忆场景中？例如你记忆英文单词时，再比如你去记忆课程开发的整个流程时，等等。最后这些原理就可以真正映射到你的潜意识里，也就是你的经验了。

本节讲了人在学习过程中的记忆处理阶段：刺激—短时记忆—长时记忆。基于此原理，培训师要妥善设置中场练习。

二）中场练习常用的教学活动

1. 两人世界

（1）学员两人一组，按操作标准轮流进行模拟练习，每次练习后另外一名学员进行点评。

（2）学员代表大台展示。

（3）听取培训师点评后继续做修订或强化练习。

活动时间：8分钟

2. 知识竞赛

（1）学员以小组为单位进行现场答题。

（2）竞赛题目分为必答题和抢答题，每答对一题会获得相应的积分奖励，答错扣分。

（3）小组可以根据积分兑换不同的实物奖品。

活动时间：8分钟

3. 案例分析

（1）学员阅读案例单页，在纸上写出答案。

（2）学员在小组内逐一发表个人看法。

（3）小组组长汇总并代表小组发言。

（4）培训师对最佳答案小组给予奖品激励。

活动时间：20分钟

4. 情境表演

（1）学员以小组为单位，用所学单元内容策划一个戏剧（时长3~5分钟）。

（2）学员投票选出最佳表演小组。

（3）最佳小组获得精美礼品一份。

活动时间：20~30分钟

5. 问与答3153

（1）3分钟问题陈述：各小组由问题发起人介绍问题、背景。

（2）1分钟沉默思考：学员就问题进行1分钟的思考。

（3）5分钟自由讨论：小组对此问题进行讨论。

（4）3分钟组长点评：由组长点评和总结，点评不超过3分钟。

（5）每组代表进行全班发言，培训师点评。

活动时间：50分钟

四、回顾复盘

根据艾宾浩斯的遗忘曲线，学员在学习后1小时只能记得所学内容的44.2%。培训师在课程中要不断回顾复盘，强化学员对课程内容的掌握。

一）回顾复习的原则和思路

原则一：学员的大脑对接收的信息重新进行组织和诠释之后，才能产生价值。

原则二：学员以自己的方式重新定义和加工信息，并且通过分类和分析得出结论，才是有效的课程。什么意思？学员在学完新知识，并练习完之后，他要通过自己的思维框架对它做相应的总结、定义、加工，然后再去产出相应的内容，这时候学员才能够真正地掌握这项知识。

思路一：在不同场景下，回顾学习过程。

思路二：激发学员的空间记忆和情感记忆。

思路三：使用引导问话或开展教学活动，例如，可以通过提问、测试、小组讨论，不断地引导学员回顾。

在课程开发的线下工作坊中，讲完金字塔结构后，笔者会给学员做个测试（见图6-4）。

考考你

思考：

1. 层级要多还是少？

2. 每一级模块数在几个为宜？

3. 金字塔结构究竟有什么好处？

图6-4　考考你

通过做练习，学员可以对培训师所讲内容再次加深印象。

通常来讲，回顾复盘可以分为单元复盘和课程复盘。单元复盘指课程中间某个单元快结束时，培训师通过回顾将本单元的内容固化。而课程复盘是所有单元内容结束，培训师通过教学活动做总结性回顾。下面将分别介绍这两种复盘用的教学活动。

二）单元复盘常用的教学活动

1. 转身交流

（1）两人一组回顾单元的知识要点。

（2）每人说出最有收获的三点（收获的知识点、过去看法/做法、未来行动计划）。

（3）时间到后，学员握手表示感谢，回到原位。

活动时间：5分钟

2. 专家采访

（1）学员准备好笔和纸，去采访非本小组成员。

（2）学员在白纸上记录被采访者的最大的三个收获，然后再接受对方的采访。

（3）每位学员要完成两次采访。

活动时间：5分钟

3. 抛球回顾

（1）7~10人一组，组长首先拿球。

（2）活动开始后，球在谁手中，谁说出一个关键收获点。

（3）说好后，学员将球抛给自己选择的对象，接球者说出一个不同的收获点，然后把球抛出。

活动时间：10~15分钟

4. 小组互测

（1）每个小组拿出一张白纸，根据本单元所学，制作一套考题。

（2）考题以填空、选择、判断为主，题目数量3~5个。

（3）考题出好后，和旁边小组互考，并在完成后进行答案讲解。

活动时间：10~15分钟

5. 争分夺秒

（1）学员在规定时间（90秒）内写出本单元5~7个现场的学习收获点。

（2）在小组内互相传阅，寻找不同收获点。

（3）交流完毕后，学员相互握手表示感谢。

活动时间：5分钟

三）课程复盘常用的教学活动

1. 知识游学

（1）以小组为单位进行本课程的回顾活动。

（2）学员把每一个收获点的关键词写在一张便签纸上。

（3）每个小组把便签纸张贴在旁边的大白纸上，可以贴出自己喜欢的造型。

（4）小组间互相观摩学习。

活动时间：10分钟

2. 有奖竞答

（1）全场学员根据个人所学进行现场自由抢答。

（2）竞赛题目由判断题和选择题组成，每答对一题均可获得不同的小礼品。

活动时间：10分钟

3. 脑图呈现

（1）以小组为单位制作本次课程所有知识点的思维导图。

（2）回顾关键要点，可以翻阅学员手册中的笔记。

（3）导图制作好后，选择一个墙面进行张贴。

（4）小组间互相学习，投票评出最佳。

活动时间：50分钟

第二节　课程开发常用分析工具

课程开发有很多的工具表单，这些工具表单如何设计？这取决于你掌握的思维模型。课程开发底层就是思维模型。每一个思维模型就是你决策中的支架，可用的支架越多，你就能够做出离中心位置越近的决定。而如果你只有一个工具，看待事物就会单一，就会非对即错、非白即黑，后期风险会很大。

在课程开发过程中，要面临很多现实中的问题，而这些问题往往复杂而多样、涉及方方面面，不能套用某种固定的思维模式解决。笔者特别喜欢巴菲特的合伙人查理·芒格（Charlie Thomas Munger），他在《穷查理宝典》中多次提到多元思维模型。什么是多元思维模型呢？其实就是通过结合多个学科的知识，从不同的角度观察事物，找出现象背后的问题，分析问题，给出解决方案。多元思维模型是一整套解决问题的工具箱。

作为培训师，你只需要在众多的思维模型中掌握几个最重要的模型，就可以比较准确地看透问题的本质。下面笔者介绍几个课程开发常用的分析工具，帮助你在开发和设计教学内容方面有更深的理解。

一、SWOT分析法

SWOT分析法就是对内外部竞争条件的分析。SWOT分析法将与研究对象密切相关的各种内部优势、劣势和外部的机会、威胁列举出来，依照矩阵形式排列并加以分析，从而得出相应的结论。SWOT分析法是一种系统性的思维模型，其特点在于考虑问题全面，且可以把对问题的诊断与解决紧密结合在一起，条理清楚、便于检验。SWOT分析法的模型如图6-5所示。

自身因素分析	外部因素分析
S-优势 比较分析企业在外部市场环境、内部经营方面相对于其他竞争对手的优势	O-机会 分析在目前的市场竞争态势下企业存在的发展机会
W-劣势 比较分析企业在外部市场环境、内部经营方面相对于其他竞争对手的劣势	T-挑战 分析在目前的市场竞争态势下企业存在的威胁和挑战

图6-5　SWOT分析法

SWOT分析法一般用在课程开发的需求分析环节，培训师通过SWOT分析法分析问题背后的因素，再将分析得出的各种因素根据轻重缓急或影响程度等方式排序。在此过程中，培训师应优先挑选那些对问题有直接的、重要的、大量的、迫切的、久远的影响的因素，找出问题的主要原因，从而解决问题。

二、是/非矩阵模型

是/非矩阵模型也是一把分析问题的利器。该方法主要分为界定问题和分析因素两步，即先查找问题，然后找出问题真正的原因。通过拆分确定问题的时间、地点、对象和情况，缩小影响因素的范围、减少干扰因素，从而找到真正的影响因素。是/非矩阵的问题分析模型如表6-1所示。

表6-1 是/非矩阵模型

问题陈述	是（发生了，是什么）	非（可能发生，却没有发生）	区别（不同或异常之处）
影响对象是什么？			
发生了什么情况？			
问题发生的地点： 地理位置/物理位置/具体位置 发生的地点重要吗？ 可能在其他地点发生吗？			
问题发生的时间： 什么时间？多长时间？ 什么先发生？什么后发生？ 与其他事情的关系？（之前、期间、之后）			
问题的范围： 问题有多少？ 问题的严重程度有多大？ 问题是否被限制在了某一范围内？			

该工具具体操作如下：

（1）描述现状：把研究主题介绍清楚。

（2）在矩阵的"是"列确定发生了什么。具体包括：

- 确定事件及影响对象。即牵连哪些人物？发生了什么？请尽可能详细描述。
- 确定事情发生地点。即在什么地方发生？
- 确定事情发生的时间。即什么事情先发生？接下来是什么？时间线索可以是点钟、日期、工作日/周末和季节。
- 确定问题的性质。事情有什么问题？严重性如何？

（3）在矩阵的"非"列中列出可能发生而没有发生的事情，也按照对象、事件、时间、地点和范围来填写。

（4）研究"是"列和"非"列，通过比较两种情况，找出不同或异常的地方。哪些地方你感觉不对或不符合常理？发生了什么细微变化？在"区别"栏写上你比较的结论。

（5）研究区别并寻找与原问题的关系。

三、企业剧场

　　企业剧场指企业员工从组织实际议题出发，在安全舒适放松的环境中，用剧场的形式演绎组织的故事，还原企业工作场景，从中发现和塑造企业员工的角色。通过剧场环境的模拟，员工由课堂中的"表演"获得觉察与自知；通过戏剧方法的训练，员工可以提高认知、沟通与表达的能力；通过戏剧元素的融入，员工可以展开想象，放下束缚，发觉身心的活力与灵性。

　　企业剧场之所以具有这么大的吸引力，是因为在舞台上，员工在扮演一个具有特殊个性的人，揭示一件在特殊环境里发生的事件。这是员工对工作生活的一次创造，也是一次挖掘自己潜能的挑战。企业剧场该如何设计呢？具体而言，设计的一般程序如下：

（1）确定模拟情景

根据培训目标确定培训内容，设定所要模拟的任务情景，并尽可能详细地描述任务的背景和目标。

（2）分配游戏角色

确定参与者及其在剧场中的角色，对各个角色的设定和要求应尽可能地符合现实。

（3）确定剧场规则

确定并讲解清楚游戏的各个阶段的内容及剧场规则，明确所有剧场参与者可用的资源及方法。

（4）实施剧场环节

参与者根据情景设定和剧场规则进行实际模拟，要符合剧场的模拟情景及所设定角色的要求。

（5）评价与改进

企业剧场结束后，培训师对所有参与者的行为进行总结评价，提出反馈建议，所有员工总结经验和教训并进一步改进。

1. 判断题

一个好的教学活动无须关联学员之前经验。（　　）

2. 选择题

下面哪种情况不属于认知过载？（　　）

A. 老师讲的理论太多

B. 老师讲的理论太快

C. 老师每讲完一个知识点让学员进行练习

D. 学员对课程上一个内容想提问，老师根本不给学员提问机会，直接进入下一个知识模块

3. 配对题

开场激活

中场练习

回顾复盘

知识竞赛

抛球回顾

技能摸底

问与答3153

小组互测

成果投票

知识游学

脑图呈现

四个格子

两人世界

4. 填空题

短时记忆将（　　）、（　　）、（　　）以及其他的感觉印象，通过感觉通道进行初步的感觉登记。

5. 简答题

请简述整个学习过程（从短时记忆到长时记忆）。

（答案在下一章的回顾练习后。）

第五章　回顾练习答案

1. 错

2. D

3.

活动线	以课程内容导入顺序为线索，呈现每个时间段对应的授课主题和内容。
情绪线	在课程的每个阶段所运用的培训设备、道具、设施等。
时间线	反映学员当下的情绪状态，随着课程的演进，学员的情绪反应也会变化，最终形成曲线。
工具线	在课程时间推进的过程中，注明每个模块或每节课占用的时间段。
内容线	培训师以怎样的顺序采用何种教学刺激度的教学活动。

4. 推进训后转化

5. 版权说明、课程包、课程背景、课程简介、课前准备盘点表、授课计划、附录脚本及附录资料。

第七章

训后转化的原则和实例

第一节　训后转化原则

要想让培训项目能有效改进学员的工作能力，培训师必须掌握训后转化的原则，并设计学习任务交给学员完成。

前几年有本《刻意练习》非常火，揭示成为一名专家需要10000个小时练习，很多人望而生畏。其实成为专家没那么难，运用正确的方法缩短练习时间，刻意练习1000个小时就足够。

刻意练习的核心假设是：专家级水平是逐渐地练出来的；有效进步的关键在于找到一系列的小任务让学员按顺序完成。这些小任务必须是学员正好不会做，但是又正好可以学习掌握的。

简单地说，分四步：1. 先定一个目标，将目标化解为小目标，小目标需要是你跳一跳能达成的；2. 每个小目标加时间线；3. 设定反馈机制；4. 复盘反思。注意第3、4点是整个刻意练习的关键。

如何达成刻意练习的效果呢？需要注意，刻意练习基于这样一个理念：立志成为专家的学员，本身有很强的自学能力，而导师和教练的最重要作用是提供即时的反馈。

在刻意练习的过程中，有九个技巧需要注意。

一、离开"舒适区"，在"学习区"练习

美国专家诺尔·迪奇（Noel M. Tichy）把人的知识和技能分为层层嵌套的三个圆形区域：最内一层是"舒适区"，是对于学员没有学习难度的知识或者习以为常的技能，因此学习时可以处于舒适的心理状态。

最外一层是"恐慌区"，即超出学员能力范围太多的知识或技能，学习时心理会感觉严重不适，可能导致崩溃以致放弃学习。二者中间则是"学习区"，对学员来说有一定挑战，因而学习时会感到不适，但是不至于太难受，这里需要学员通过自身努力，跳一跳才能取得知识、习得技能。"学习区"是我们很少接触甚至未曾涉足的领域，充满新颖的事物，在这里可以充分地锻炼自我、挑战自我。比如，生活中，换一个兴趣爱好；学习中，接触不同领域书籍；工作中，用不同的方法解决问题。在"学习区"里面练习，一个人才可能进步。

有效的练习任务必须具有高度的针对性，精确地在学员的"学习区"内进行。比如，普通的篮球运动员更喜欢练自己早已掌握了的动作，而专业篮球运动员则集中练习怎样在各种极端不舒服的位置打不好打的球。在很多情况下这要求必须要有一个好的老师或者教练，因为从旁观者的角度更能发现需要改进的地方。

二、不断重复训练

重复训练最早是运动员提升身体素质的重要手段，目的是发展速度、耐力、肌肉力量等。在这里，笔者对重复训练做重新定义：按指定时间，对于某个新的工作、生活技能或者知识，间歇性地按一定要求反复练习，直到自己熟练掌握。

三、持续获得有效的反馈

这一点往往被很多学员忽视——学习新技能只要不断重复练习就好，干嘛还要他人的反馈呢？然而没有正确的反馈，你就不知道自己做的是对还是错。

在这一点上，笔者有很深刻的体会。笔者在2012年踏上职业讲师这条道路，那时候为了求生存，什么课都讲，什么需求都接，但客户反响一般。直到2014年，一位老师给了笔者很多正向反馈，笔者按照反馈修正，效果果然不一样。笔者立刻聘请他做自己的职业教练，后来少走了很多弯路，减少了摸索时间，快速走上了职业讲师的道路。

虽然高手都有很强的自学能力，但是没有外在的反馈，很可能走到一条死胡同里，所以你需要请教练提供即时的反馈。一个动作、一个技能、一个观点展示得好不好、规不规范，教练都可以随时指出，你才能知道练习结果正确与否。看不到结果的练习等于瞎练、白练。在一定程度上，刻意练习是试错练习。练习者必须建立起对错误的极度敏感，一旦发现自己错了就感到非常不舒服，一直练习到改正为止。

获得反馈的最高境界是自己给自己做教练。这种境界的高手工作时，会以旁观者的角度观察自己，每天都有非常具体的小目标，对自己的错误极其敏感，并不断寻求改进。

四、合理管理精力

当你练习到一定时间、一定程度时，你的注意力就会分散。这时，你需要停下来适当休息一下，动一动手、动一动脚，如果你觉得自己困了，千万不要继续练习下去。此时，你可以小睡一会儿。国外有一个对音乐学院小提琴学员的研究，证实睡眠可以强化练习效果。

三个组的学员，利用一天的不同时段进行单独练习，研究员分别记录他们的练习效果：效果最好的两个组的学员，分别利用上午的晚些时候和下午的早些时候练习，这时候他们还很清醒；而效果差的组利用下午的晚些时候练习，这时候他们已经很困了。

另外就是，最好的两个组的睡眠更多，而且他们午睡时间也更多。

因此，笔者比较喜欢中午休息一会儿，哪怕睡个10分钟对下午授课都有很大的帮助。

五、完成高质量的练习

高质量的练习不是用时间来衡量的，而是用你所完成的高质量的练习次数来衡量的。大体上来说，就是你在大脑中建立了多少新的连接。与其去计算练习的时长，不如去计算你的目标达成次数。与其说"我要试讲60分钟的课程"，不如告诉自己"我要为新课做10次强化练习"；与其计划打1小时的桌球，不如计划每局完成10次以上高质量的击球；与其花1小时通读某本书籍，不如挖掘5个书籍中的精彩片段。因此在练习时建议忽略时长，用目标达成次数来衡量你每天的进步。

六、将技能拆分为成份技能，以成份技能为始

笔者小时候经常从父母和老师那里听到这样的忠告：贪多嚼不烂。这个忠告之所以有效果，是因为它准确地反映了大脑的学习方式。每一项技能都是由更小的部分组成的，这些部分被称为"成份技能"。成份技能与技能的关系就像字母与段落的关系一样。单独来看，它们几乎是无用的，但当成份技能（字母）组合成较大的成份技能（单词），较大的成份技能组成更大的技能（句子、段落）时，它们就能构建出一些有内涵、有效果的"营养"。

笔者曾经在2014年向两位导演学习戏剧，在戏剧训练中，比较强调"切份"练习。首先你要把整个动作过一遍，看导演是怎么做的。导演会把动作分解为很多份，一份一份地演示，学员一点一点地学习掌握。在这种训练中一定要慢，只有慢下来才能感知技能的内部结构，注意到自己的错误。比如学习在舞台上如何表达情绪变化时，导演会让学员自己呈现一遍喜怒哀乐，感受四种情绪，再由导演演示，演示后，导演会把四种情绪拆分，让学员慢慢地体会每个情绪。

你学习课程开发技术时，也不可能一上来就能理解、运用课程开发

的步骤方法和技巧，应先从某个点入手，练习小的成份技能，每天练习一点点，每把一个小块练熟、练透，你就离成功更近了一步。

七、每天都尝试完美掌握一个成份技能

生活忙忙碌碌，有时你很容易把"仅仅完成练习"当作成功。完成了预定的练习时长或练习次数，你就如释重负地松了口气："任务完成了！"但真正的目标并不是练习，而是取得进步。

一个行之有效的方法是设置每日完成计划，即"可实现的最小单位的目标"。你可以选择一个自己可以掌握的技能块来努力达成——每天进步一点，直到100%的实现。例如，培训师可以根据最新资讯、需求变化修改课程大纲。每天花时间瞄准某个具体的可实现的小目标，全力以赴地完成。毕竟，台上一分钟，台下十年功。你的进步是建立在每天一点一点的努力、一次一次的不断重复之上。

八、每天练习10分钟，21天成为习惯

研究表明，进行深度练习时，每天进行少量的"日拱一卒"式练习要比每周一次的疯狂练习效果更好。主要原因与大脑的成长方式有关，大脑以渐进的方式逐日进步，甚至在睡觉的时候也是如此。每天练习的一个好处是，这会滋养大脑，让其成长，即使练习只有10分钟。如果为了效果，突然性地猛练1小时或2小时，大脑会跟不上节奏，就达不到成长的效果。

每天练习的另一个好处是，它会使练习成为一种习惯。刚开始时，你会有些不习惯，但随着次数的增加，大脑会慢慢适应。比如笔者下载过一个学习英语的手机应用，需要先缴500元押金，如果一年完成300次打卡，押金就会退回。刚开始笔者有点不适应，很难做到每天花20分钟左右学习，但坚持了21天后慢慢习惯了。这时，如果有一天笔者没学习英语，心里就会很难受。

九、用尽可能慢的速度练习

学习一个新技能时，将成份技能慢慢地做、慢慢地呈现，这会非常考验你。你需要十足的耐心和充分的毅力，来体会每一步是怎么做的，第一步从哪里开始，最后一步到哪里结束。人们在培养一项新技能时，内心的冲动是用更快的速度再做一次练习，这就是所谓的"嘿，快看我"。这种对速度的渴望合情合理，但它也会造成马虎，尤其是涉及技能时，更是如此。不能为了一时的成功而牺牲长久的、稳定的进步。所以，放慢速度。

慢速练习法就像一个放大镜，能让你更清楚地察觉到自己的错误，进而加以改正。例如上文提到的导演戏剧工作坊，笔者每天早上练习在舞台走路，导演让演员快速地行走，然后慢慢地行走，在慢走的过程中体会节奏和呼吸的变化。通过这个练习笔者体会到慢速的价值，当放慢速度，自己很容易重心不稳。但是当慢走成为一种肌肉记忆时，正常走路和快走就不会遇到问题了。

第二节 训后转化实例

一、知识转化：7天打卡训练设计

微课工坊训后转化 7 天学习任务

DAY1：花 30 分钟时间，尝试用自己的语言复述微课设计工作坊所

有内容，写出自己的"31计划"，即3点感悟和1点行动计划。发布打卡小程序。（参考资料：1.知识地图，2.学习手册）

DAY2：花30分钟时间，新定一个微课主题，撰写教学目标。发布打卡小程序。

DAY3：花30分钟时间，使用快速任务法提炼微课内容，字数不少于400字。发布打卡小程序。

DAY4：花60分钟时间，写一个微课脚本，字数不少于1100字。发布打卡小程序。

DAY5：花60分钟时间，制作一份PPT1.0，页数不少于8张。发布打卡小程序。

DAY6：花60分钟时间，给PPT1.0增加动画效果后再次优化，保存PPT1.0。发布打卡小程序。

DAY7：花60分钟时间，给PPT配音，添加排练时间（PPT2.0），合成微课。发布打卡小程序。

二、能力转化：28天打卡训练设计

28天复盘打卡社群规则

同学好：

我是周锦弘，四月份三个模块学习已告一段落，为巩固和加深学习内容，特建此群。

前面征求了群里部分学员的想法，整理后会将具体形式和内容发到群里。

一）复盘收益

1.巩固所学的知识和内容，掌握每个模块知识点。

2.通过复盘反思长出新知，成为自己能力的一部分。

3.通过其他学员的发言内容，激发自己新的感悟。

二）复盘规则

1. 复盘时间

4月27日中午12点~5月3日24点，第一模块需求分析。

5月4日中午12点~5月10日24点，第二模块学习项目。

5月11日中午12点~5月17日24点，第三模块经验总结。

2. 复盘内容

根据学习内容选择其中一个点，每天讲感悟，讲收获，讲应用（三选一）。

3. 复盘工具

小打卡程序。

4. 复盘格式

视频、语音、文字或者写在纸上拍照发送到打卡小程序上（三选一）。视频或者语音时长建议不超过8分钟。

文本格式：×××第一天复盘（打上名字）+视频/语音/文字/图片

如：周锦弘第一天复盘。

（具体内容）

三）社群规则

1. 社群愿景

让每位学员主动转化前三个模块的知识点、技能点。

2. 入群门槛

缴纳100元作为激励金即可入群。需坚持每天完成对课程的复盘。

3. 具体打卡规则

学员需在每天24点前在群内发送完成的截图。发送截图即视为打卡成功。

如果学员自打卡第一天起至结束21天中，每天坚持打卡，则将收到100元全款返回。

如果学员自打卡第一天起至结束21天中，有1次打卡缺失，则将收到100元全款返回。

如果学员自打卡第一天起至结束21天中，累计有2次打卡缺失，则将收到50元返回。

如果学员自打卡第一天起至结束21天中，累计3次打卡缺失且没有使用复活卡，那么100元不退回，且会被请出群。

复活卡：50元/张。此卡只适用于累计打卡缺失达3次者。21天中仅可使用一次。购买并使用复活卡后可以继续呆在群内，并发送完成凭证，但将不再获得激励金的退回。

放弃卡：10元/张。此卡只适用于打卡缺失次数在0次、1次、2次的学员。累计打卡缺失满3次者不能购买此卡。学员购买并使用放弃卡后，直接退回50元，并请出群。

4. 其他规则

（1）管理员每日发送反馈。

（2）群内保持安静，减少信息噪音（群内不可发无关信息）。

（3）建议将此群置顶。

复盘打卡发起人：周锦弘

2021.4.25

1. 判断题

刻意练习的核心假设是：专家级水平是一下子练出来的；有效进步的关键在于找到一系列的大任务让受训者按顺序完成。（　）

2. 选择题

在某种程度上，刻意练习是以（　）为中心的练习。

A. 专家意见

B. 学员视角

C. 错误

D. 正确

3. 配对题

舒适区	对学员来说有一定挑战，因而学习时会感到不适，但是不至于太难受，这里学员需要通过自身努力，跳一跳才能取得这些知识。
学习区	即超出学员能力范围太多的事务或知识，学习时心理感觉严重不适，可能导致崩溃以致放弃学习。
恐慌区	对于学员没有学习难度的知识或者习以为常的事务，因此学习时可以处于舒适的心理状态。

4. 填空题

每一项技能都是由更小的部分组成的，这些部分被称为（　　　　）。它与技能的关系就像字母与段落的关系一样。

5. 简答题

训后转化原则有哪些？

（答案在下一章的回顾练习后。）

第六章 回顾练习答案

1. 错

2. C

3.

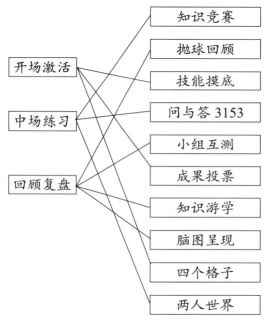

4. 视觉；听觉；触觉

5. 在课堂上，培训师通过视觉、听觉、触觉等感觉通道，不断施加刺激，才能形成短时记忆。短时记忆的形成过程，一般是将信息有选择性地从感觉中提取出来，并且与已存储的在长期记忆中的信息进行关联。培训师需要让学员对于知识内容不断进行复述，最终将知识作为长时记忆收入到大脑中。形成长期记忆之后，就要想这些内容、知识应该怎么应用。只有通过应用，知识才能转化成培训师个人的经验价值。

第八章

课程评估与验收

第一节　课程开发五度评估

本节是每一度课程开发的评审标准（见表 8-1、表 8-2、表 8-3、表 8-4、表 8-5）。

表 8-1　一度课程开发评审标准

微课开发师：　　　　　　　　　　　　　　　　　　评估人：

一级指标	二级指标	指标说明	评分（减分制）
选题设计（10 分）	选题简明（5 分）	主要针对知识点、例题 / 习题、实验活动等环节进行讲授、演算、分析、推理、答疑等教学选题。尽量"小（微）而精"，建议围绕某个具体的点，而不是抽象、宽泛的面	
	设计合理（5 分）	应围绕教学或学习中的常见、典型的问题或内容进行针对性设计，要能够有效解决教与学过程中的重点、难点、疑点、考点等问题	
教学内容（25 分）	科学正确（10 分）	教学内容严谨，不出现任何科学性错误	
	逻辑清晰（15 分）	教学内容的组织与编排，要符合学员的认知逻辑规律，过程主线清晰、重点突出，逻辑性强，明了易懂	
作品规范（15 分）	结构完整（5 分）	具有一定的独立性和完整性，作品必须包含微课视频，还应该包括在微课录制过程中使用到的辅助扩展资料（可选），如微教案、微习题、微课件、微反思等，以便于其他用户借鉴与使用	

续表

一级指标	二级指标	指标说明	评分（减分制）
作品规范（15分）	技术规范（5分）	微课视频时长一般不超过10分钟，视频画质清晰、图像稳定、声音清楚（无杂音）、声音与画面同步；微教案要围绕所选主题进行设计，要突出重点，注重实效；微习题要有针对性与层次性、难度等级合理；微课件要形象直观、层次分明、简单明了、教学辅助效果好；微反思应在微课拍摄制作完毕后进行观摩和分析，力求客观真实、有理有据、富有启发性	
	语言规范（5分）	声音洪亮、有节奏感，语言富有感染力	
教学效果（50分）	形式新颖（15分）	构思新颖，教学方法富有创意，不拘泥于传统的课堂教学模式，类型包括但不限于：教授类、解题类、答疑类、实验类、活动类、其他类；录制方法与工具可以自由组合，如用手写板、电子白板、黑板、白纸、PPT、平板电脑、电脑录屏软件、手机、DV摄像机、数码相机等制作	
	趣味性强（10分）	教学过程深入浅出、形象生动、精彩有趣、启发引导性强，有利于提升学员学习的积极主动性	
	目标达成（25分）	完成设定的教学目标，有效解决实际教学问题，促进学员思维的提升、能力的提高	
总评			

表 8-2   二度课程开发评审标准

直播课程开发师：   评估人：

一级指标	二级指标	指标说明	评分（减分制）
直播互动（30分）	互动设计（15分）	有效的开场破冰互动设计。 有效的问题互动设计。 有效的互动手势、形象、情绪、声音、表达设计	

续表

一级指标	二级指标	指标说明	评分（减分制）
直播互动 （30分）	互动效果 （15分）	互动效果、频次恰到好处，有效抓住学员注意力。 　互动内容学员喜闻乐见，参与度高。 　互动对象选择正确，案例具有代表性，问题具有普遍性	
直播教学设计（70分）	学员对象 （10分）	管理类作品不能横跨多个管理层级，技术类、知识类作品有特定普及人群。 　直播内容与学员就用后的收益关联明显，能够被受众识别	
	选题 （10分）	直播内容高度聚集业务场景。 　作品内容能够解决实际问题，解决路径清晰简洁	
	学习目标 （15分）	学习目标有具体描述、衡量标准。 　能够解决至少一个实际工作中的痛点、重点、共性化或个性化业务问题	
	学习内容 （15分）	能够合理选择开场话题与导入方式。 　内容能够使学员充分参与思考与互动。 　主体内容演绎能做到起承转合、有效收结。 　文字、图片、视频、道具等贴合主题、切入恰当，能很好地服务于内容呈现	
	教学方法 （20分）	聚集问题、激活旧知。 　直播过程中有重点回顾，提高学员记忆效率。 　能够充分激发学员的学习动机。 　具备应变能力，顺利处理直播互动引导中的挑战情境	
总分			

表 8-3　三度课程开发评审标准

面授课程开发师：　　　　　　　　　　　　　　评估人：

一级指标	二级指标	指标说明	评分（减分制）
课程标准 （20分）	材料完整 （10分）	包含课程大纲、PPT课件、讲师手册等	

续表

一级指标	二级指标	指标说明	评分（减分制）
课程标准 （20分）	课程规范 （10分）	符合三度课程开发标准	
教学设计 （80分）	学员对象 （10分）	教学目标有明确的针对岗位、人员及特定的应用场景	
	选题 （10分）	所选主题有吸引力，紧紧围绕一个主要知识（技能点或主要问题）	
	学习目标 （15分）	学习目标明确、具体，思路清晰；能够解决培训内容中的痛点、重点、个性化教学等问题	
	学习内容 （15分）	教学内容适当、准确，无科学性或政策性错误，能理论联系实际，能够确保教学目标的实现	
	教学方法 （15分）	教学顺序、教学活动安排、媒体的选择等适合确定的教学目标、教学内容和学员特征	
	教学价值 （15分）	教学内容紧贴公司需要，具有知识提炼及传播价值	
总分			

表 8-4 四度课程开发评审标准

面授课程开发师：   评估人：

一级指标	二级指标	指标说明	评分（减分制）
课程规范 （10分）	材料完整 （5分）	包含课程大纲、PPT课件、案例、讲师手册、学员手册等	
	课程规范 （5分）	符合四度课程开发标准	
课程设计 （75分）	学员对象 （5分）	教学目标有明确的针对岗位、人员及特定的应用场景	
	选题 （5分）	所选主题有吸引力，紧紧围绕一个主要知识（技能点或主要问题）	
	学习目标 （10分）	学习目标与实际工作相关，作为岗位工作的一部分；建议目标的制定符合布鲁姆的认知六个层级	

续表

一级指标	二级指标	指标说明	评分（减分制）
课程设计 （75分）	学习内容 （25分）	教学内容适当、准确，无科学性或政策性错误；课程内容来自岗位典型工作任务；内容的深度与广度与学习目标相关联。 　　课程中引用了明确的通用理论知识，课程总体内容建立在此基础上。 　　课程中包含课程开发人员总结的模型、流程等环节	
	教学方法 （20分）	教学顺序、教学活动安排、媒体的选择等适合确定的教学目标、教学内容和学员特征。 　　课程中包括操作指引的演示、练习和研讨环节	
	案例呈现 （10分）	导入简短顺畅，能有效激发学习动机；案例呈现具有启发性、指导性。 　　每一个重要的流程、概念或原理被提出后，均用案例来测试、强化学员对它的理解	
教学材料 （15分）	训前材料 （5分）	课前需求调研问卷的编制易理解。 　　课程计划／大纲简洁、清晰	
	训中材料 （5分）	课件内容完整、结构清晰，与教学相辅相成。PPT图文相符、专业性强、色彩鲜明但不花哨、版面构图合理。 　　散页材料内容符合课程目标的需求。 　　讲师手册要有简易版和完整版	
	训后材料 （5分）	训后测试题能够全面评估课堂重点内容。 　　行动计划方案具备可操作性	
总分			

表 8-5　五度课程开发评审标准

面授课程开发师：　　　　　　　　　　　　　　　　评估人：

一级指标	二级指标	指标说明	评分（减分制）
课程规范 （10分）	材料完整 （5分）	包含课程大纲、PPT课件、案例、讲师手册、学员手册等	
	课程规范 （5分）	符合五度课程开发标准	

续表

一级指标	二级指标	指标说明	评分（减分制）
课程设计 （70分）	学员对象 （5分）	教学目标有明确的针对岗位、人员及特定的应用场景；说明学员岗位、基本信息	
	选题 （5分）	所选主题有吸引力、紧紧围绕一个主要知识（技能点或主要问题）	
	学习目标 （10分）	学习目标与实际工作相关，作为岗位工作的一部分；目标描述具体到可执行、可衡量的动作	
	学习内容 （20分）	教学内容适当、准确，无科学性或政策性错误；课程内容来自岗位典型工作任务；内容的深度与广度与学习目标相关联。 　　课程中引用了明确的通用理论知识，课程总体内容建立在此基础上。 　　重要的流程、原理或概念，均有关联的案例或示例引出。 　　每一个重要的流程、概念或原理被提出后，均用案例来测试、强化学员对它的理解。 　　通过理论导入和案例讨论，课程中明确提出结合工作流程的操作指引。 　　课程中提出操作指引直接解决课程目标所针对的关键问题	
	教学方法 （20分）	教学顺序、教学活动安排、媒体的选择等适合确定的教学目标、教学内容和学员特征。 　　课程中包括操作指引的演示、练习和研讨环节。 　　课程新内容的讲解部分使用多样的方式而不是单纯地讲授。 　　新知识在讲授之前，有活动引出新知识。 　　课程结束之前，有课后的学习转化目标与行动计划	
	案例呈现 （10分）	导入简短顺畅，能有效激发学习动机；案例呈现具有启发性，指导性。 　　每一个重要的流程、概念或原理被提出后，均用案例来测试、强化学员对它的理解	
教学材料 （20分）	训前材料 （5分）	课前需求调研问卷的编制易理解。 课程计划/大纲简洁、清晰	

续表

一级指标	二级指标	指标说明	评分（减分制）
教学材料（20分）	训中材料（10分）	课件内容完整，结构清晰，与教学相辅相成。PPT图文相符、专业性强、色彩鲜明但不花哨、版面构图合理。 散页材料内容符合课程目标的需求。 讲师手册要有简易版和完整版。 学员手册材料完整	
	训后材料（5分）	训后测试题能够全面评估课堂重点内容。 行动计划方案具备可操作性	
总分			

第二节　课程验收三步骤

验收包含三个步骤：自我验收、专家评审、学员反馈。这三步都很重要，直接关系到整个课程包是否达到开发要求。

一、自我验收

自我验收就是自己参照评审标准进行评估并加以改善。具体步骤：首先，你选择一个能够最大限度模拟培训现场的会议室或者教室，最好能够提供必要的工具设备、教学材料和道具，验证的方式是演示你所开发的课程材料。

笔者有三个小建议：一是邀请10~20位亲朋好友参加你的试讲，以增加互动练习的真实感，甚至邀请对方设置一些障碍给你；二是练习时不要省略步骤和道具（如手持话筒和翻页笔），教学活动要全部练习到位，以形成肌肉记忆；三是在教室后面架设一台摄像机或者手机，把验收过程全部录下来，然后你再对照视频看哪些地方需要完善和改进。

练习结束后完成这张清单（见表8-6），你可以依次反思：课程存在的问题有哪些？发现问题的依据是什么？产生问题的原因是什么？能不能做相应的解决？

表8-6　自我迭代问题检查表

序号	问题描述	可能原因	解决措施	注意事项

培训师要通过换位思考，站在学员的角度，结合培训需求分析的结果，通过对照的方式对自己所开发的课程单元进行全方位的评估。

二、专家评审

如果培训师对课程的自我验收达到了80分（参照评审标准），之后还要再进行什么呢？这时就有必要申请专家的评审。

专家评审的基本方式是：选一个合适的教室，由培训师来讲授所开发的课程，课程开发人员和业务专家作为培训对象参与。

然后，课程开发人员和业务专家对课程内容以及培训师的教学过程进行全面评估：依据考核标准，进行思考和观察，并对课程内容和教学过程里存在的问题或者不连贯的地方进行记录。

对于专家的评审优化，其实也有一些点需要加以注意。在这个环节中，专家要根据授课对象、课程内容、教学方法设计、存在的问题进行探讨，所以模拟授课时间会比正式的授课时间更长。另外，评估验收过程中，业务专家需要评估课程内容的优点和缺点，课程内容是否贴近业务，是否解决问题，是否具有深度和广度。为了保证业务专家能更好地配合，对当场提出的反馈意见，试讲培训师应根据专家意见尽快修改，修改后提交给专家。

课程如果通过自我验收、专家评审，就要在部门内进行试讲。试讲这一环很重要，因为可以收集到关键性的学员反馈。

三、学员反馈

到部门内试讲并获取学员反馈，是课程优化的最后一步。就像医生开出的药方是否有效，最终是由病人说了算，所以课程是否有效，也必须由学员说了算。

通过学员验证优化，需要真实的课堂环境。企业应随机选取部门中一定数量的学员参与模拟培训，要确保所选取的学员在知识技能和经验等各个方面都具有真正的代表性，而不能仅仅选择业务专家或者管理人员。在部门内试讲的时候，培训师必须是最终讲授这门课的老师，而不仅仅是课程设计人员或者其他人员。培训师为学员提供课程所必要的工具设备，然后让学员朗读课程材料（必要时让学员大声朗读）或者聆听讲解，并且要求学员在朗读或聆听时，将所想到的内容悉数表述出来。在这一验证过程中，对学员遇到的困难和消极负面的身体语言要特别的重视，在验证结束之后，要收集学员反馈的意见。

培训师也可以借助问卷的形式，询问学员在接受培训过程中的内容需求、方法需求和风格需求，并将问卷的结果汇总在问题列举表中，然后从培训师的角度对相应的问题一一解答，据此对自己的课程单元进行整体的评估。

如昊条件允许，培训师可以在试讲后专门找学员深入探讨每个问题点，并与学员共同寻找问题的解决方案，一步步打磨课程。

同时，培训师需要给自己单独准备一份课程材料，把前面所听所想都记录下来，并观察学员对课程材料的使用情况，记录学员所有的反应，如：他是否有思考、有犹豫、有停顿，是否有错误，以及言语的反馈。如果学员在某个部分操作遇到了困难，但操作仍是正确的，这时候培训师不要打断学员的操作，只需要记录下来这部分操作难度是否偏高；如果学员在某个部分遇到了困难，同时操作也错误了，培训师就要礼貌地打断学员的操作，并询问出了什么问题、哪里出错了，确保学员已经纠正错误后才进入下一步的操作。

在课程验证结束之后，培训师需要与学员深入讨论笔记中标注的每个问题点，然后共同寻找问题的解决方案，并对课程材料进行必要的修改。之后，培训师可以参照这一流程，继续选取另外一批学员，做二次的验证和迭代。这个反复验证的过程，实际上是打磨整个课程的关键阶段。

例如，笔者曾给一家银行做磨课工坊，当时共有20多位中级培训师参加，他们拿着自己的课程给学员讲，然后学员给反馈，培训师收集学员的反馈，并分析：问题是什么、原因在哪儿、采取什么应对措施，然后再完善课程。经过数十次试讲、优化、打磨，最终完成了这个验证环节。这里有一个数据，要想产出一门优秀的课程，就至少需要迭代10次。

四、课程的三级修订

根据此前三轮评审建议和学员反馈，培训师要对课程做出相应修订，修订可以分为三个级别：

一级修订是指这门课程要做重新的设计，对具体内容和结构做出大范围的调整，如单元内容的大致重组、内容的更新替换、课程目标的变更等。

二级修订是课程的排版格式层面上的小调整，如页码的调整、内容的微调。就频率而言，在整个优化过程中，二级修订频率要高于一级修订。

三级修订就是有一些极细微的内容的迭代和修改，如某个知识点的补充、某个案例的新发展，或者课件/手册的勘误等。

1. 判断题

一度课程开发评审标准中教学效果占了 40%。（   ）

2. 选择题

二度课程开发评审标准中直播互动包括互动设计和（   ）。

A. 学习目标

B. 学习内容

C. 选题

D. 互动效果

3. 配对题

一级修订	有一些极细微的内容的迭代和修改，如某个知识点的补充、某个案例的新发展，或者课件／手册的勘误等。
二级修订	这门课程要做重新的设计，对具体内容和结构做出大范围的调整，如单元内容的大致重组、内容的更新替换、课程目标的变更等。
三级修订	课程的排版格式层面上的小调整，如页码的调整、内容的微调。

4. 填空题

四度和五度评审标准相比较前三度评审标准主要多了一个维度,即(   )。

5. 简答题

课程验收步骤有哪些?

（答案在"第七章   回顾练习"答案后。）

第七章 回顾练习答案

1. 错

2. C

3.

舒适区		对学员来说有一定挑战，因而学习时会感到不适，但是不至于太难受，这里需要学员通过自身努力，跳一跳才能取得这些知识。
学习区		即超出学员能力范围太多的事务或知识，学习时心理感觉严重不适，可能导致崩溃以致放弃学习。
恐慌区		对于学员没有学习难度的知识或者习以为常的事务，因此学习时可以处于舒适的心理状态。

4. 成份技能

5. 一、离开"舒适区"，在"学习区"练习；二、不断大量重复训练；三、持续获得有效的反馈；四、保持精力集中/合理管理精力；五、完成高质量的练习；六、将技能拆分为成份技能，从掌握成份技能开始；七、每天都尝试完美掌握一个成份技能；八、每天练习10分钟；九、用尽可能慢的速度练习。

第八章 回顾练习答案

1. 错

2. D

3.

一级修订	有一些极细微的内容的迭代和修改，如某个知识点的补充、某个案例的新发展，或者课件／手册的勘误等。
二级修订	这门课程要做重新的设计，对具体内容和结构做出大范围的调整，如单元内容的大致重组、内容的更新替换、课程目标的变更等。
三级修订	课程的排版格式层面上的小调整，如页码的调整、内容的微调。

（连线：一级修订——这门课程要做重新的设计……；二级修订——课程的排版格式层面上的小调整……；三级修订——有一些极细微的内容的迭代和修改……）

4. 教学材料

5. 自我验收，专家评审，学员反馈。

附录 A

企业课程大赛设计方案

××× 集团课程开发大赛

设计方案

2021 年 × 月

一）大赛背景

为了进一步打通×××集团员工职业发展通道，规范完善专业序列岗职课程体系，营造"自赋能可续航"的学习生态圈，2021年继续探索数字化环境下的知识萃取，调动各板块各子公司自主创新能力，充分发掘出更多优秀的课程设计及开发人才，培养出各个板块的种子精英讲师，实现公司与个人的共同成长，现组织"×××集团课程开发大赛"。

二）大赛目标

承接我司战略，为业务提供价值，聚焦核心岗位的典型工作场景和任务，萃取标杆员工的成功经验，形成关键岗位的学习地图；基于学习地图，整合、收集岗位经验，激发员工进行多种形式的课程开发，将"隐性"知识"显性化"，对知识经验进行全行推广，具体目标包括：

1. 形成聚焦×个核心岗位的学习地图

2. 输出至少×个课程主题

3. 根据课程体系及课程主题搭建以岗位为核心的课程体系，产出至少×××门课程

4. 发掘课程开发人才，培养精英讲师×位

三）大赛组织单位

主办单位：×××集团人才发展研究院

承办单位：×××集团各子公司

参与人员：×××集团全体员工

四）项目组委会构成

1.项目组委会成员（×××集团人才发展研究院及各子公司负责人），其职责为：

◆为课程开发大赛指明方向，坚定信心，起"带头作用"

◆发动本板块（条线）员工积极参与，对参赛选手制作的课程作品进行专业指导

◆协助内部专家评委审核初赛作品，并参与复赛作品评审

◆对优秀参赛选手进行后续培养

2.内部专家评委（各板块业务负责人、产品专家、业务骨干等），其职责为：

◆参加线上辅导，熟练运用初赛作品的评审方法

◆对初赛/复赛作品进行评审打分

3.外部课程开发专家及评委，其职责为

◆为内部专家评委提供评选标准，赋能其对课程评选的能力

◆对复赛选手进行线下一对一辅导，助力精品课程作品的高质量产出

◆参与复赛和决赛阶段的作品评选；协助×××集团挖掘课程开发高潜员工

五）课程开发大赛整体安排说明

1.学习地图工作坊的搭建及大赛宣传造势

◆集团各板块（子序列）选拔相关人员参加"学习地图敏捷共创工作坊"，输出基于×个核心岗位的学习课程目录，并将此目录作为课程开发大赛的主题参考目录，提供给子公司及员工进行作品选题参考

◆面向全体员工开展课程开发大赛宣传，为赛事预热

2.初赛

◆各子公司根据集团提供的主题参考目录，选择课程作品的主题并提交相应的"课程选题申报表"，由子公司相关部门初次审核，严格把关，各子公司提交作品的数量，依据学习地图工作

坊后产出课程主题总量，由板块根据各单位情况进行具体分配

◆ 各板块及子公司自行组织课程的开发学习及课程制作，集团提供相应教程帮助员工进行自学；各子公司HR负责收集初赛课程作品，统一上传电子教学移动平台

◆ 集团内部专家评委对初次提交的作品从业务层面进行专业评审，集团人才发展研究院提供相应的线上赋能培训，帮助内部评审快速评选出具备优秀内容的课程作品

3. 复赛

◆ 进入复赛的选手根据集团统一要求，分期次参加线下集中面授辅导，根据外部专家导师的意见对作品进行调整及迭代更新，输出精品课程

◆ 集团内部专家评委（集团主管领导、各子序列负责人、各子公司领导成员）对复赛作品进行全方位综合评选，各子序列及子公司按照集团人才发展研究院要求，负责调动全员开展大众评审环节的相关工作

◆ 人才发展研究院将按权重比例汇总内部评审专家及外部课程导师的评分，甄选出进入决赛的课程作品（具体权重设置后期集团会组织进行说明）

4. 决赛

◆ 集团人才发展研究院组织现场评选，特邀主管领导作为评审嘉宾参加，并对全集团进行联网视频直播

◆ 由专家评委对进入决赛的作品进行现场点评，评选出一、二、三等奖项及其他奖项

◆ 集团组织赛后的相关课程上线及运营活动（后期集团会组织对具体内容进行相关说明）

六）课程开发大赛重要时间节点

◆2021年阶段：启动及初赛阶段

—课程开发大赛启动及准备阶段

—课程开发大赛内部沟通

—课程开发大赛员工线上启动会

—学习地图敏捷共创工作坊

—确定各子公司课程开发主题—选题申报表

—初赛赋能学习及初赛作品制作提交

—初赛作品评选，入围复赛50%

◆2022年阶段：复赛及决赛阶段

—线下课程开发工作坊（1~2个月）

—复赛作品制作及提交（1个月）

—复赛作品评选，入围决赛20%（1个月）

—决赛评比及颁奖典礼（0.5天）

七）课程开发大赛参赛要求

为了产出精品课程，打造线上内训师团队，各子公司在集团相关板块的带领下，开展参赛作品的创作，并提交作品，具体规则如下：

1.各子公司提交作品的数量，依据学习地图工作坊后产出课程主题总量，由板块根据各单位情况进行具体分配；

2.提交作品包括且不限于8大业务板块下的选题内容；

3.我司各级别内训师必须每人创作并提交1门课程作品。

八）课程作品提交标准

1.课程主题：课程选题贴合公司业务领域，即×个岗位内容，详细课程主题清单通过"学习地图敏捷共创工作坊"产出，由集团各板块（子序列）确认后发布，由各子公司组织员工进行课题的选择和制作；

2.课程形式及内容：课程形式不限，课程内容尽量围绕1个主题，有特定工作场景开展的完整的教学活动描述，内容完整、排版规范。

九）作品提交方式

1.参赛员工需要按照要求，将参赛作品（包含所有初赛及复赛作品）提交给各子公司HR，经子公司审核后，由HR统一上传至我司移动学习平台。

2.上传路径后续发布。

十）课程开发大赛作品评比标准

本次大赛秉承公开、公平、公正的原则组成评审专家组。

1.初赛评选：由内部专家评委从主题、内容和设计三个方面对初赛作品进行评选，最终选出前50%优秀选手进入复赛线下工作坊，辅导产出优秀复赛作品。

2.复赛评选：从工作坊产出的20%复赛作品，通过内部专家评选和外部专家评选后，选拔出进入决赛的作品（作品得分=80%内部专家分数+20％外部评委分数）。

3.决赛展示：复赛评选对所有作品进行排名，前10名作品进入最终决赛并进行现场展示。

注：决赛展示人员需要制作一份PPT对作品进行解说，包含做课的目的、如何进行主题、内容的选择、如何进行课程制作构思等方面的内容。

4.课程评选标准（参考课程评审表）。

注：大赛评审标准在初赛、复赛、决赛保持一致。

十一）奖项设置

本次课程开发大赛奖项分为个人奖项和特殊奖项、团队奖三类，具体分布如下：

1.个人奖：评选出一等奖8名、二等奖20名、三等奖50名，分别予以奖励；

2.特殊奖：评选最佳人气奖（以作品点赞数最高者为优胜）、最佳呈现奖（由外部讲师评定）、最佳创意奖（由外部讲师评定）各1名，分别予以奖励；

3.团队奖：评选最佳组织奖3名，包括最佳执行奖（以作品数量最高的子公司为优胜）、最佳组织奖（以整体作品数量最高的总部板块为优胜）、最佳产出奖（以进入决赛的作品数量最多的子公司或板块为优胜），分别予以奖励。

×××集团人才发展研究院

2021年×月

附件

课程选题申报表（初稿）

课程选题名称	
选题类别	内控监督☐　对公条线☐　零售条线☐　财务运营☐ 金融市场☐　风险管理☐　综合管理☐　信息科技☐
所属岗位	（同我司岗职体系划分标准）
主课程开发员工姓名 所属部门／子公司	
联系电话／邮箱	
课程开发参与人员信息 （子公司、电话、邮箱）	
课程设计	1. 课程目标 2. 适用对象 3. 主要内容
相关素材	

企业培训课程开发管理制度

××× 集团有限公司
培训课程开发管理制度

一、培训目标

1.1 培训目标服务于集团的战略目标。培训开展以集团战略为导向，以促进公司专业化逐步升级、达到国内领先的现代化一流企业的管理水平、提升企业的竞争实力为目标；

1.2 以打造×××集团培训文化、组建学习型组织为目标。培训文化是企业文化的重要组成，我们要通过培训的有效开展，为企业文化建设提供坚实保障；培训投资的输出目标是实现学习型组织的形成，为人才发展、企业创新、形成企业内在竞争力奠定基石；

1.3 提高员工的整体素质和专业技术水平，为员工职业生涯规划奠定基础。

二、适用范围

2.1 本制度适用于集团本部及下属分子公司。

三、职责权限及工作分工

3.1 集团人才发展研究院为培训课程体系的主管部门，职责权限：

3.1.1 负责依据集团培训目标，规划年度课程实施方案（或计划）；

3.1.2 负责培训课程设计开发工作。完成组建培训课程库并持续更新、新课程的立项申报、课程编撰及评估、课程应用等工作；

3.1.3 负责课程实施全过程管控；

3.1.4 负责课程评估管理。

3.2 培训专员职责分工

　　3.2.1 负责收集集团及分子公司的培训需求，制定培训课程实施方案或计划交部门主管、公司主管领导审核；

　　3.2.2 负责培训课程立项及设计工作。包括课程立项明确：课程分类、课程来源、课程内容设计、课程评估标准制定、培训方法选择。形成"课程申报表"；

　　3.2.3 负责课程编撰管理。包括课程收集、培训师准备、涉及外训机构时培训协议签订；课程库建立和维护，课程编码规则、统计规则、课程应用规范管理；

　　3.2.4 负责培训实施过程管理。包括培训前培训师选择、受训人选择、培训方法选择、培训计划下达、对培训专员的作业指导，培训保障工作如：经费预计、设备设施准备等工作；培训过程中现场组织、培训进度控制、视频影音记录采集等工作；

　　3.2.5 课程设计时对课程评估。包括课程内容信度及效度、课程实用性、课程系统性、课程考核内容、课程风格模型评估；课程实施过程对培训师授课情况、受训员工满意度、现场反应情况评估；课程实施后，对受训员工行为、培训后实效评估；完成全过程评估形成报告（含改进计划），课程录入课程库管理；

　　3.2.6 负责培训库管理。包括统计培训课程信息，课程类型分类归档，制定培训课程的使用规划并监管课程的保密性。

四、体系运行原则及工作流程

　　4.1 坚持以公司战略为导向的原则。培训课程开发遵循需求分析—课程开发立项—课程申报—内容萃取—课程设计—课程讲授—课程评审—课程持续开发和再造的流程。

4.2 集团人才发展研究院为培训课程体系的主责部门，负责工作流程推进和监控。

五、培训课程体系

5.1 定义

　　5.1.1 培训课程体系是培训体系的组成部分，内容包含课程设计、课程实施评估及持续改进；

　　5.1.2 培训课程：组织为了实现目标而对成员进行教育或训练的教学讲义。

5.2 培训课程类型

　　5.2.1 企业文化课程。如：公司的物质文化、行为文化、制度文化、精神文化课程，企业文化创建实务等内容；

　　5.2.2 岗前培训课程。如：员工入职培训、安全入场教育等内容；

　　5.2.3 岗位培训课程。如：培训专员岗位培训、内审员培训、档案管理员岗位培训等；

　　5.2.4 管理培训课程。如：公司各项管理制度学习、生产安全管理培训、质量体系管理培训等；

　　5.2.5 财务培训课程。如：全面预算管理、成本管理、资金管理、会计核算、税务管理等；

　　5.2.6 技术培训课程。如：新型车设计技术、汽车技术及工艺等；

　　5.2.7 知识类培训课程。如：教学设计概念培训等；

　　5.2.8 培训师培训课程（3T）。如：内训师授课技巧、课程开发、案例开发、组织经验萃取等；

　　5.2.9 服务类培训课程。如：商务礼仪培训、顾客要求培训等；

　　5.2.10 其他培训课程。如：领导读书会、专题培训、师带徒培训、头脑风暴培训。

5.3 课程类型编码规范

5.3.1 课程类型代码：企业文化课程代码为QY，岗前培训课程代码为GQ，岗位培训课程代码为GW，管理培训课程代码为GL，财务培训课程代码为CW，技术培训课程代码为JS，知识类培训课程代码为ZS，培训师培训课程代码为3T，服务类培训课程代码为FW；其他培训课程不编码；

5.3.2 数字码：以小写数字序号表示；

5.3.3 课程编码：课程类型代码+数字码，如第三门技术类培训课程，其课程编码：JS-3；

5.3.4 课程编码由培训管理员录入培训课程库，便于课程分类管理、存档及使用管理。

5.4 课程设计及制作原则

5.4.1 目标统一。始终与培训目标统一，根据实际需求开发课程；

5.4.2 系统性。课程内容系统完整，可以全面学习知识点、技能项；

5.4.3 实用性。学习内容可以运用到实际工作场景中；

5.4.4 经济性。根据课程价值和实用性，制定课程和应用时以经济性为原则。

5.5 课程设计内容

5.5.1 课程大纲设计。要求主题明确、内容具体，并确定培训对象、规定课时及培训周期；

5.5.2 课程来源选择。内部：从公司制度规范、管理实践、专用专利技术等方面提取课程；外部：从教科书、培训教育机构、名企名人讲座等方面提取课程；

5.5.3 课程评估标准。课程内容可信度，如：课程来源于某出版社或权威机构或经大量实践证实科学性和专业性；课程效度，如：课程可核实有效性的内容明确，已经在实践中广泛应用；

5.5.4 授课方式选择。根据课程类型不同选择培训方法。

5.6 课程申报

 5.6.1 课程设计内容完成后，经人才发展研究院审核，以"课程申报单"形式报公司主管领导。

5.7 课程制作

 5.7.1 指定负责人做好相关准备工作，如课程收集（含采购）培训师选定，涉及外部培训机构协议签定等工作；

 5.7.2 按课程设计要求完成课程内容制作。包含书面、图像、影音课程的制作，如课程内容多样、难度大、制作时间长时，可组建课程开发组共同完成工作；

 5.7.3 培训课程库管理。课程经评审合格后，由课程立项单位负责管理，并提供副本交培训主管存档备案。按类型编码、录入内容信息后保存并持续更新。

5.8 培训课程实施

 5.8.1 由指定培训专员按课程培训计划组织、指导和监督培训实施；

 5.8.2 做好培训记录。培训时间、人员、场所等内容形成"培训实施记录表"。

5.9 课程评估

 5.9.1 课程内容评估。实施完成后，通过对学员观察法、考试测评法、实操法、口述法等对课程内容的实用效果评估；

 5.9.2 课程实施过程评估。由人才发展研究院对培训计划、培训师培训效果、学员满意度、培训反应度、培训后员工行为、培训成果评价，向公司主管领导提交书面评估报告。

5.10 课程开发及再造

 5.10.1 集团人才发展研究院通过培训效果评估（受训员工是否学以致用、培训成果是否转化为企业效益、员工利益），就体系运行中的不足，制定课程体系开发及再造方案；

5.10.2 依据公司发展内外部的需求，制定课程体系开发及再造方案。

5.11 培训师课程开发津贴

5.11.1 课程开发津贴额度根据课程等级评定，课程包括线下面授课程、线上直播课程和微课课程；

具体评定标准参考附件"课程等级评定表"；

5.11.2 课程开发津贴额度范围：

一星课程：200~500元

二星课程：500~1000元

三星课程：1000~2000元

四星课程：2000~3000元

五星课程：3000~5000元

5.11.3 该津贴标准对应的课程主要指2小时内的课程，如超出2小时的可按比例增加教材开发津贴额度；

5.11.4 课程为视频、动画、H5等多媒体课程作品的，课程开发津贴按每课时计算，每课时津贴同上述标准（不足1课时的按1课时计算，1课时为60分钟）；

5.11.5 课程开发由多人完成的，各开发成员根据贡献比例分配津贴额度；

5.11.6 特殊课程可根据实用程度和贡献性，经×××集团评定后，另行核定课程开发津贴额度。

5.12 激励津贴发放

5.12.1 课时津贴、课程开发津贴等的发放原则上按月度审核、审批；

5.12.2 审批通过后，激励津贴将按审定额度发放，所产生的个人所得税由培训师本人承担。

5.13 附则

5.13.1 本制度由×××集团人才发展研究院负责制定、监督、解释，并修订完善；

5.13.2 本制度自发文之日起实施，试行期一年，试行期满如无修改则转为正式制度。

5.14 附件

5.14.1 课程等级评定表。

×××集团人才发展研究院

2021年×月

课程等级评定表

课程名称		课时	
目标学员		开发人员	
课程要件	口大纲 口 PPT 口案例资料 口考试题 口讲师手册 口学员手册 口其他		

评审项目	标　准	得分	评价／改进意见
培训目标	课程目标明确清晰，准确界定授课对象，适合其学习发展需求（10分）		
	课题水平有重要研究参考价值，富有特色与创新（10分）		
培训内容	培训内容结构合理，逻辑清晰、主次分明，易于接受（10分）		
	既能密切联系授课对象的工作实践，符合实际应用需求；又有理论高度，能够帮助学员举一反三；内容完整细致，深入浅出，融会贯通（10分）		
	内容适合在公司内进行推广；提供充足的背景信息，案例及相关数据等，帮助理解掌握（10分）		
培训方法	与目标学员相匹配，有效调动学员积极性，保证学员高效参与学习（10分）		
	与内容的特点和重要性匹配，重点内容重点练习（10分）		
	讨论、内容、练习的选择具有典型性、代表性，满足教学目标要求，要素齐全（10分）		
课程资料	PPT、多媒体制作、讲师手册、学员手册、辅助材料等课程资料设计合理，质量优秀（20分）		

综合得分：　　　课程评定等级：口不合格　口一星　口二星　口三星　口四星　口五星

总评意见：

评定该课程开发津贴金额为：　　　元

评审人：　　　　　日期：

注：等级评定标准：一星（60~70分），二星（70~80分），三星（80~90分），四星（90~95分），五星（95~100分）。

参考文献

［1］（美）贝基·派克·布鲁斯. 玩转教学直播：虚拟培训的方法、技巧和互动活动[M].罗霞，郭晗，译. 江苏：江苏人民出版社，2018.

［2］周平，范歆蓉. 培训课程开发与设计[M]. 北京：北京联合出版公司，2015.

［3］周平，王靓. 培训课堂互动手册[M]. 北京：北京联合出版公司，2016.

［4］周子淳，史芳岳.要做CEO先做培训师[M]. 上海：上海交通大学出版社，2016.

［5］盛群力. 教学设计[M]. 北京：高等教育出版社，2018.

［6］马兰. 教学设计[M]. 北京：高等教育出版社，2018.

［7］田俊国. 精品课程是怎样炼成的[M]. 北京：电子工业出版社，2014.

［8］（美）吉姆·威廉姆斯，（美）史蒂夫·罗森伯姆. 学习路径图[M]. 朱春雷，译. 江苏：南京大学出版社，2010.

［9］（美）杰克·斯诺曼，（美）里克·麦考恩. 教学中的心理学[M]. 庞维国，译. 上海：华东师范大学出版社，2019.

［10］（美）莎朗·波曼.4C法颠覆培训课堂：65种反转培训策略[M]. 杨帝，译. 北京：电子工业出版社，2019.

［11］邱昭良. 玩转微课：企业微课创新设计与快速开发[M]. 江苏：江苏

人民出版社，2016.

［12］（美）洛林·W.安德森. 布卢姆教育目标分类学修订版 [M].蒋小平，张琴美，罗晶晶，译.北京：外语教学与研究出版社，2018.

［13］（美）理查德·赛茨，（美）安杰尔·格伦.SAM课程设计与开发操作手册[M].北京：电子工业出版社，2015.